Reihe: Kultur–Kritik

Band 5: Jürgen Große: Der sterbende Gott – Agnostische Anmerkungen

edition fatal

Jürgen Große

Der sterbende Gott

Agnostische Anmerkungen

edition fatal

»edition fatal« Verlagsgesellschaft bR, München
Gesellschafter: Mario R. M. Beilhack, Anil K. Jain
www.edition-fatal.de, kontakt@edition-fatal.de

Reihe: Kultur–Kritik, Band 5
Herausgeber: Anil K. Jain

Jürgen Große: Der sterbende Gott – Agnostische Anmerkungen

Originalausgabe, München 2020

Titelbild:
Himmel über Europa (Fotografie des Autors)

Bibliografische Information der Deutschen Nationalbibliothek:

Die Deutsche Nationalbibliothek verzeichnet diese Publikation in der Deutschen Nationalbibliografie. Detaillierte bibliografische Daten sind im Internet über die Seite http://dnb.d-nb.de abrufbar.

ISBN 978-3-935147-46-0

Herstellung: Books on Demand GmbH

Inhaltsverzeichnis

INHALTSVERZEICHNIS

Statt eines Bekenntnisses . . . 9
Zwielicht . . . 11
Säkulum . . . 12
Götter . . . 15
Einer . . . 17
Schöpfung . . . 19
Misere . . . 22
Stiftung . . . 24
Botschaft . . . 27
Liebe . . . 29
Bekehrung . . . 32
Glaube . . . 35
Pietät . . . 39
Konfession . . . 42
Kirche . . . 45
Kultus . . . 47
Künste . . . 49
Mysterium . . . 52
Martyrium . . . 54
Theologie . . . 58
Aufklärung . . . 61
Gotteskrieger . . . 63
Neureiche . . . 68
Gefallene . . . 71
Bekenner . . . 73
Gebet . . . 76
Gebot . . . 80
Gewissen . . . 82
Demut . . . 83

Eifer 86
Wissen 90
Dogma 93
Katholisch 95
Unkatholisch 98
Prachtkatholisch 101
Häretisch 106
Skepsis 109
Krisis 113
Kapital 115
Kommune 119
Mission 122
Gnosis 124
Heiden 127
Kreuz 130
Hölle 133
Gnade 135
Trost 138
Verheißung 140
Erlösung 143
Unsterblichkeit 146
Grablegung 148

STATT EINES BEKENNTNISSES

»Wirklich, man kann von einer Pilgerreise
nur weniger fromm zurückkommen,
als man vor dem Aufbruch war.«
Gustave Flaubert an seine Mutter, 20. August 1850

Wie die meisten meiner Generation durchlief ich eine soziale und eine intellektuelle, jedoch keine konfessionelle Erziehung. Der Marxismus? Fromme wie aufgeklärte Eiferer haben oft versucht, ihn als Ersatzreligion zu entlarven. Er selbst freilich wollte Verheißung ohne Mysterium sein und war dadurch schutzlos gegen unseren skeptischen Blick. Leicht fanden wir die Lücken zwischen Wort und Wirklichkeit. Aus wohlfeiler Skepsis wird rasch Langeweile, aus Langeweile ein frivoler Übermut. Vielleicht tummeln sich nirgends so viele Gottsucher wie in jenen Gesellschaften, die auch ohne Gottessegen ihre Ernte einfahren wollen. Moral ohne Himmelsüberbau, Bildung ohne Höhenschwindel: Die uns Glaubenslosen zugefallene Geistesfreiheit konnte sich nur im Spiel mit ihrem Verlust bewähren. In meiner Jugend hatte mich daher die christliche Religion interessiert, zunächst als historische Abirrung vom geraden Pfad des Daseins wie des Denkens, dann als systematische Schrulle. Sie war mir die Krankheit, die einem allzu gesunden Leben erst das Gefühl für sich selbst verschafft. Dem spirituell unbeleckten Gemüt des Jünglings mußten die moralische und metaphysische Aufschneiderei imponieren, die (zumindest auf den ersten Blick) sublime Verhöhnung des guten geistigen Geschmacks. Die Verstiegenheiten der christlichen Denker – von ›praktizierenden‹ Christen oft vergessen, öfter schamvoll verschwiegen – faszinierten mich, ganz gleich, ob es die Versprechung von Exklusivseligkeit oder die Behauptung einer doppelten Prädestination war. Doch in welche Christentruppe eintreten, auf welche Glaubensfahne schwören? Es ging mir mit dem Konfessionsgewimmel wie später mit dem Parteienstaat: ein Angebot einzigartiger und darum unvergleichlicher Verlockungen. Ich konnte mich für keine davon entscheiden und blieb konfessionslos, d. h. im unverbrauchten Besitz meiner Glaubenskräfte. Wenn mich heute die Angebote der Konfessionen genauso kalt lassen wie meine eigene Konfessionslosigkeit, warum dann einer Obsession meiner Jugend hinterherschreiben? Vielleicht, weil meine

Indifferenz sich sacht in Weisheit verwandelt hat, sei es auch keine fromme: Im Alter sollte man sich weder neue Freunde noch neue Feinde suchen.

J. G., Berlin im Frühjahr 2020

ZWIELICHT

In der Abenddämmerung eines Glaubens wirken seine Verächter nicht weniger obskur als seine Verkünder.

Die heutigen Sachwalter des Evangeliums fühlen sich geschmeichelt, wenn ein Komödiant mit der Bibel auf Tournee geht und von den Varietébühnen frohe Botschaften herunterbrüllt.

Je häufiger einen andächtige Stimmungen heimsuchen, desto weniger ist man fähig, den Fuß in eine Kirche, ja auch nur vor die Haustür zu setzen.

Gleichermaßen widriger Anblick: die Theisten und die Atheisten unserer Tage – die vor einem Leichnam knien und die auf ihn einschlagen.

Menschen für eine Sache leiden zu sehen, an die man nicht glauben kann, verursacht ein unangenehmes Ziehen in den Zähnen.

Den endgültigen Zerfall eines Dogmas bestätigt das Auftauchen jener kritischen Dummköpfe, die ihn sich zugute schreiben.

Wenn es ein ›postreligiöses Zeitalter‹ geben sollte, dann muß es jenes sein, das vom Gezänk zwischen den Heuchlern des Glaubens und den Heuchlern des Unglaubens erfüllt ist.

Das Erhabene von gestern ist das Interessante von heute und das Lächerliche von morgen.

Daß ein Glaube zerfallen ist, bemerkt man oft nur, weil seine Kirche noch steht.

In seiner Ohnmacht zeigt sich ein Dogma nur mehr als Zumutung – zuerst an den Verstand, dann an die Phantasie, zuletzt an den Geschmack.

Säkulum

Eine Kirche ist ein Museum, in dem man beten darf.

Wer sich heute weigert, in Gott nur noch ein Wort zu sehen, ist verstockt gegen die Wirklichkeit, von der es gestern sprach.

Die Welt ist das Kind einer Gottheit, die bei seiner Geburt verschied.

Die Verachtung im Wort von der sozialen Utopie als ›säkularisierter Religion‹ – warum gilt sie immer nur der Säkularisierung, nie der Religion?

Erst seit uns Gott keine Last mehr ist, spüren wir die Lästigkeit seiner Gläubigen.

Die frommen Zeitgenossen unterscheidet die Art der Gleichgültigkeit, mit der sie auf die Gestalt des Joshua, des Kaiphas oder des Pilatus blicken.

Man glaubte dem Verschwinden Gottes beizuwohnen, doch der Mensch war schneller.

Als ein Erinnerungskult hat sich das Christentum selbst um die Zukunft gebracht: Gegen den Blitz von Hiroshima kann jedes Hosianna nur ein dünnes Winseln sein.

Der Anschlag des Christentums auf die Glaubenskraft Europas war es weniger, diesem eine verlogene Art von Hoffnung injiziert, als vielmehr, ihm jede andere Art von Hoffnung unmöglich gemacht zu haben. Praktizierender, Esoteriker, Freidenker e. V. – die drei Figuren der postreligiösen Komödie.

Die *eine Welt* ist errichtet im Glauben an den titanischen Ernst und in der Hoffnung auf einen göttlichen Humor.

Verfallszeiten des Glaubens sind die, da es niemand mehr nötig hat, Atheist zu sein.

Das Puppenhafte einer Menschheit, die wie am Schnürchen läuft, einer Menschheit, die nicht mehr von Gott am Schnürchen gezogen wird …

Ein perlenbesetztes Kreuz in einem Dekolleté ist immer eine Undelikatesse, bei einer Christin nicht weniger als bei einer Heidin.

In den toleranten Epochen ist Religion eine Befreiung von der Diktatur der Wissenschaft und Wissenschaft eine Erlösung von der Langeweile der Religion.

Die heutigen Albernheiten zwischen Theologen und Ideologen rühren daher, daß die einen nicht mehr mit dem Scheiterhaufen drohen können und die anderen nicht mehr mit dem Gulag.

Für die Macht der Frömmigkeit nicht schon im Mittelalter, sondern erst in der Neuzeit spricht, daß sie nur hier das Leben zu stören begann.

Niemals die Menschen von gestern für religiöser halten als die von heute! Denen von gestern stand vor Augen, was sie glaubten – wo war da der Glaube?

Die Frohlockenden eines wiedergeborenen Christentums scheinen nicht begriffen zu haben, daß zwar gemordete Gottheiten auferstehen können, nicht aber ihre Mörder.

Religion ist, was in gottfernen Zeiten unsere Phantasie beflügelt und sie gottnahen Zeiten beschneidet.

Die glaubenslose Gesellschaft beklagt ihren Zustand mit so herzzerreißendem Geheul wie ein Sklave, der von seinem Herrn verlassen wurde.

›Evolutionärer Humanismus‹ oder: wie nach dem Glauben auch der Unglaube billig wird.

Von nichts reden die Frömmlerinnen heutiger Tage so gern wie vom Körper.

In einem aufgeklärten Zeitalter meint jedermann die Wahrheit zu kennen und läßt das jedermann spüren: Der schlechte Stil der Seele, die groben Manieren des Geistes verraten ein wahrheitsgesättigtes Geschlecht.

Der befreite Mensch ist innerlich zu gut aufgeräumt, als daß er noch Mitgefühl erübrigen könnte für den gekreuzigten.

In der feinen Gesellschaft spottet man über die Gläubigen wie unter rohen Kindern über die Krüppel.

Der Gottessohn galt als göttlich, solange man ihn mit Menschenfleisch ernährte.

Ein Glaube, wo lebendig, versteht keinen Spaß. Es ist Zeichen seines Niedergangs, wenn er zu lächeln beginnt – nicht wissend oder schmerzlich, sondern freundlich und verlegen.

Alle Welt wird erst dann an Gott glauben, wenn er vollständig aus ihr verschwunden ist.

GÖTTER

Die Funktionäre der Religionen werden sich rasch einig in dem, was nicht die Religion betrifft.

Zwei Gläubige im Streit sind klüger als ein Gläubiger, zwei Ungläubige im Verein sind dümmer als ein Ungläubiger.

Die griechischen Götter wirkten berechenbar in ihren Launen, weil jeder von ihnen nur *einer* Laune frönte. Der eine dagegen, der nach ihnen kam, ist so unberechenbar wie jedes Wesen, in dem alle Launen sich vereinen.

Das Schicksal, diese kopflose Vorsehung …

Der Gott, der ein Übergang ist zwischen der Götterwelt und der gottleeren Welt, mußte die Welt selbst zum Übergang erklären.

Ein zeitweiliger Klinikaufenthalt macht empfänglich für die Catholica, ein endgültiger für den Buddhismus.

Um den Glauben daran zu verlieren, daß je Götter auf Erden wandelten, muß man sich nur unter die leichtbekleideten Horden mischen, welche die gottverlassenen Tempel fotografieren.

Keine Heilslehre hat das Leben geringer bewertet als die buddhistische, und keine Heilslehre hat es weniger beschädigt. Dieser Widerspruch ist es, der den Buddhismus unter die Philosophien einreiht, zu etwas ober- oder unterhalb der Religion.

Der Apostel des Christentums befiehlt, in dem Stand zu bleiben, in dem man berufen wurde, das geistliche Oberhaupt des Buddhismus empfiehlt, bei dem Glauben zu bleiben, in dem man aufgewachsen ist.

Gegen religiöse Indifferenz sind nur jene Kulturen geschützt, in denen der Glaube sich als Unterdrücker oder als Unterdrückter darzustellen weiß.

Die Götter der Spätzeit sind wie weiches Wachs, in das verhärtete Seelen ihre Wünsche drücken.

Das antike Mahnwort, daß lauthals gepriesenes Glück den Zorn der Himmlischen errege, ist die Geburtsstunde des stillen Genießers.

Katholische Kirche: die Fortsetzung des Imperium Romanum mit unlauteren Mitteln.

›Gott‹ ohne erklärenden Zusatz – der dreisteste aller Genitive.

Einer

Die reine Freude hat ein einsamer Schöpfer nicht an seiner Schöpfung, sondern an sich selbst.

»Das Wesen des Daseins ist die Existenz« – und das Wesen des Gottseins ist nichts als die Existenz.

Langeweile oder Schrecken muß der Autor erregen, der von allem Anfang her weiß, was er zu sagen hat.

Wenn man diesen Gott am siebten Tag sich loben hört, während er durch den bekannten Garten wandelt, dann könnte man für immer Angst vor Gärtnern bekommen.

Ein Gott, dessen erstes Gebot der Glaube an seine Existenz war, konnte nur in einer Kirche verwesen, die ihr Fortleben durch sein Absterben sichert.

Jeder Gott war einmal *etwas in der Welt*, und als dieses Etwas sich abgenutzt hatte, blieb nur die Entscheidung für ein unsichtbares Ein-und-Alles oder ein alldurchdringendes Nichts.

Wo es sich nicht darum handelt, den Glauben eines Einzelnen einem Volk, den Glauben eines Volkes der Menschheit schmackhaft zu machen, da hat die Predigt nichts verloren.

Die uns so geist- und wortreich von der *Personalität* Gottes zu überzeugen suchen, werden einsilbig, wenn man sie zur aktuellen *Lage* der göttlichen Person befragt. Tatsächlich fällt es nicht leicht, sich einen ruhenden und scheint es albern, sich einen wandelnden Gott vorzustellen. Wohin könnte Er gehen, da es doch Seinesgleichen nicht gibt? So bleibt der eine und einzige Gott für Fromme wie für Zweifler ein seßhafter, sitzender Gott, ein Wesen vor, nach und während der menschlichen Mittagspause, kurz: ein Chef.

Vor der Zudringlichkeit des Schmeichlers sind nur der Allmächtige und der Ohnmächtige sicher.

Gott ist das einzige Geschenk, das der Mensch dem Himmel zu machen wußte.

Nichts klingt glaubhafter als die Rede des Wesens, das man fürchtet, wenn es Dinge sagt, die man hofft.

Das Christentum hat uns daran gewöhnt, in einem sterbenden Menschen seinen *Gott zu riechen*.

Die Angst vor Tieren und Göttern dürfte den Menschen befallen haben, als er keines von beiden mehr sein konnte.

Die religiös Weitherzigen, die sich selbst und aller Welt versichern, daß es derselbe Gott sei, den alle Welt anbete – das sind die Fanatiker von heute. Sympathie könnte dagegen ein Christ erwecken, der zugäbe, einen anderen Gott als sein moslemischer Nachbar anzubeten – einen seelisch umwölkten, irdisch begrenzten, historisch erschöpften Gott.

Sein einziger Fehltritt war die Geschichte, die ihn vom Vater zum Kind werden ließ, das einmal vor seinen Verehrern, andermal vor seinen Verächtern beschützt werden mußte …

Recht gönnerhaft klingt, was der Prophet über die anderen Eingottgläubigen sagt. Doch würde ein Gott von seinesgleichen gerechter sprechen?

Das Ende jedes Monotheismus ist ein Gott, von dem man weder durch ein Buch noch durch dessen Ausleger erfährt.

›Gottesmörder‹: ein Kompliment, durch das selbst das bescheidenste Volk größenwahnsinnig werden müßte.

Schöpfung

Am Anfang war das Wort. Dann wurde es dunkel.

Natur ist alles, was sich korrigieren läßt.

Nur ein schwacher Gott konnte auf die Idee kommen, schwache Geschöpfe zu machen.

Der erste Schritt in den Schöpfungsglauben ist die Erschaffung einer menschenleeren Welt.

Der von sich gesagt haben soll: »Ich bin, der ich bin«, müßte vor dem Leben zittern, das gleiches von sich behaupten würde.

Die gläubige Phantasterei beginnt mit Phantasielosigkeit: Man kann sich nicht vorstellen, daß Herrliches in dieser Welt sei, so erfindet man ihren Herrn.

Vielleicht ist es eine und dieselbe Dekadenz, die Gott zum Menschen werden ließ und den Menschen gelegentlich zum Tier.

Nicht die Nachricht an den Menschen, daß er ein Geschöpf sei, hat diesen gedemütigt, sondern höchstens, daß er *Sein* Geschöpf sei.

Man wird zum Schöpfer aus Mangel oder aus Überfluß, man erschafft Götter aus Not oder Menschen aus Langeweile.

Am ersten Tag Himmel und Erde trennen und bis zum Wochenende weiteres Unrecht tun …

Die Welt, die man kennt, ist niemals zu retten.

»… und sah, daß es gut war«: Die Frömmigkeit beginnt damit, daß man dem verzeiht, der es besser machen konnte.

Dieser Schöpfer schläft nicht. Das erklärt vielleicht den Übereifer und die Unkonzentriertheit in seinem Tun.

Erschaffen heißt Realitäten verneinen, begründen heißt die Phantasie verabschieden. Die Schöpfung hat den Menschen um all das betrogen, was vielleicht nicht er, jedoch gewiß sein Schöpfer sich vorstellen konnte.

Noch stärker als mit Gott, der darum für Adam die Gefährtin erschuf, dürfte sich der erste Mensch mit dieser selbst gelangweilt haben – deswegen seine Flucht in die Geschichte und seine gelegentlichen Anfälle von Gottessehnsucht.

Die scholastische These, daß die Schöpfung ein göttliches *accidens* sei, hat im Mittelalter keine Unruhe ausgelöst. Es bedurfte moderner Eitelkeit für die bange Frage, ob unter Gottes Nebenprodukten die Erde das wichtigste sei.

Was an den Monotheismen verblüfft: sie alle beginnen ihre Laufbahn als Protest gegen die geltende Ordnung der Welt, wagen jedoch keinen Augenblick gegen den zu mucken, der diese Welt geschaffen hat. Haß und Hohn der weltlichen Ordnungshüter garantiert!

Angesichts dieser besten aller Welten, worin Männer ihrem Gott nacheifern, wagt man nicht, sich die von ihm verworfene zweitbeste Welt vorzustellen, worin Frauen geherrscht hätten.

Mit dem Wort *Entfremdung* hat die Frankfurter Schule den Groll Schopenhauers gegen den Schöpfergott für das Quengeln von Frankfurter Bürgerkindern tauglich gemacht.

Man kann sich keinen Menschen vorstellen, der dasjenige gerecht beurteilt, was er geschaffen hat. Warum sollte zu dieser Gerechtigkeit ein Gott fähig sein, den weder Vorlieben noch Notwendigkeiten in seiner Schaffenslust einschränkten?

Was von jedem Wesen in der Welt gilt, gilt nicht von der Welt im ganzen: sie ist keinesfalls aus dem Schmerz geboren, sondern mit dem Schmerz, aus einer vermutlich göttlichen Indolenz.

Der Ursprung des Bösen: eine Aufgabe für den Verstand. Der Ursprung des Guten: eine Ambition der Einbildungskraft.

Was ist das für ein Schöpfer, den rechtfertigt, daß er mit dieser Welt nichts zu schaffen hat?

MISERE

Die Würde des Unglücks stammt aus seiner Nutzlosigkeit. Daher noch heute unser Respekt vor denen, die sich nutzlos für eine Gottheit zerfleischten.

Der Spott über die Religion des Unglücks ist armselig, wie aller Spott über das Seltene, Verbliebene, Unwahrscheinliche.

Furcht hatten die Sklaven bereits. Durch ihre *Hoffnung* wurden sie auch einsam unter den Menschen.

Der Hochmut des Betenden liegt in seiner Hoffnung, daß Gott für ihn eine Ausnahme machen werde.

Schon zu Lebzeiten strahlte dieser Glaube eine gewisse Lächerlichkeit aus. Sie sichert ihm allgemeine Dezenz bei seinem Verscheiden: Man lacht nicht über eine lächerliche Leiche.

Zum Gebet wäre nur Anlaß, wenn ihm der Adressat fehlte.

Gott war den Menschen nahe, solange *er* es war, der das Schreckliche geschehen ließ.

Wären Pascals Leiden nicht die Jesuiten dazwischengekommen, dann hätte der große Kranke ein moderner Hiob werden können, durch keines Menschen Werk gestört in seiner Klage.

Die erwählten Völker rühmen sich ihrer Fülle an Tatkraft, die verworfenen ihres Reichtums an Schicksal.

Erbarmen mit den Kreaturen, Entsetzen vor der Kreatürlichkeit: die linke und die rechte Flanke des Mitgefühls.

Das Gotteswort hatte etwas mitzuteilen, als arme Leute die Gotteshäuser umlagerten, worin man die Armut pries.

Den Unglücklichen hält man fast immer für religiös, mit Recht, denn er gehorcht seinem Unglück mehr als den Menschen.

Jahrhundertelang fühlte man sich durch die Krankheit gestraft, heute nur mehr – gekränkt.

Die Idee einer negativen Berufung … Ein Rest davon lebt noch in dem Stolz auf ein individuelles Unglück, das nicht jede Seele heimsucht, lebt noch in der Scham über die kollektive Untat, die nicht jedes Volk fertigbringt.

Die religiösen Naturen unserer Zeit teilen sich scharf in solche, die das Leiden und die Ohnmacht der gepeinigten Kreatur nachzuempfinden suchen und solche, die kalten Herzens Abhilfe schaffen.

STIFTUNG

Am wenigsten kann der Gläubige sich das vorstellen, woran der Glaubensstifter glaubte.

»Ich bin, der ich bin.« Wo es nur einen Gott gibt, gibt es nur eine Sorge: die, zu sein.

Religionsstifter sind frei in der Wahl ihres Gottes, nicht seiner Gläubigen.

Gott kannte sich nicht, ehe niemand ihn kennen wollte.

Für eine religiöse Karriere taugt jeder, der das Sichtbare durch das Unsichtbare rechtfertigt.

Schwärmer, Verdruckste und Hochmütige: die drei Typen der christlichen Komödie, deren ersten auf ewig nur jener Eine repräsentiert, der nicht mehr mitspielen wollte.

In einer wachsamen Kirche ist der Glaubensstifter der einzige, dessen Glaubensschwäche unbemerkt bleibt.

Mit Offenbarungen ist es wie mit Zweifeln: sie können alles enthüllen, jedoch nicht alles zugleich.

Jesus zeigt die Kraft des Menschen, bevor er zum Christen wurde.

Das heiliggesprochene Buch teilt seinen Lesern nichts als den Willen seines Autors mit, geschrieben zu stehen.

Man darf vermuten, daß der Glaubensstifter, der sein Antlitz einem Gott zugewandt hält, keinen Gedanken mehr für seine Gläubigen übrig hat.

Die Unzufriedenheit mit dem Menschen, wie er ist, begründet Religionen und ruiniert Kirchen.

Die Verleugnung eines Glaubensstifters ist der erste Glaubensbeweis, den man ihm darbringen kann.

An den Menschensohn beginnt man zu glauben, wenn von Gottvater und Muttererde nichts mehr zu hoffen ist.

*

Wer die Bekanntschaft eines Religionsstifters oder zumindest eines seiner Jünger machen konnte, der dürfte einen verblüffend unbefangenen Zerstörungswillen erblickt haben. Mit einer Handbewegung oder einem Schulterzucken ist die ›bisherige‹, die ›alte‹ Welt dem Untergang übereignet – und der strahlende Blick, das weihevolle Bibbern der Stimme, die eine neue Welt verkünden, können aus dem vollen Fundus einer heiligen Leere schöpfen. Man täuscht sich, wenn man dieses Segensprechen für den religiösen Originalton hält, man würde sich aber auch täuschen, wenn man das gelegentliche Zischen und Geifern angesichts unheiliger Lebendigkeit für den Kern der Religionsstiftung hielte. Der Kern – die Substanz, das seelische Magma – ist eben das, was im Weltenwender fehlt. Während sein Blick auf die neue Welt glasig-verschwommen, sein Blick auf die alte Welt scharf und böse ist, herrschen im Innersten des Stifters weder Licht noch Dunkelheit; wer dort hinein schauen wollte, würde in ein totes Auge blicken. Eine Seele, die weder sieht noch zu sehen ist, haust dort, eine Seele, die außerhalb aller Verantwortung steht. Ihr Wesen ist Wesenlosigkeit. Das Mannfrauliche, Egozentrisch-Verspielte der Stifterpersönlichkeiten und -ideen entspricht dieser angeborenen Unbestimmtheit, ja Ratlosigkeit ihres Lebenselans. Der Elan des Religionsstifters erschöpft sich darin, eine Leere zu schaffen – den Boden zu bereiten, auf dem der Kirchengründer bauen wird. Hat nicht jeder Stifter einer Religion die Frage nach dem, *was zu tun sei*, abgewiesen oder weggelächelt? Der Religionsstifter tut nichts, er *ist* einfach, ist *nichts* – daher das arrogante Lächeln, das auf seinem Gesicht jeder gewahrt, der etwas zu tun hat.

*

Ein Gott, der sich dann und wann zeigt, wirkt weniger souverän als ein Gott, der seine Anwesenheitspflicht in der Schöpfung vollkommen verweigert oder vollkommen erfüllt. Dem einen ist nicht bange um die Glaubwürdigkeit seiner

Existenz, dem anderen nicht um den Kredit seines Charakters. Dualismus und Pantheismus sind die Extreme göttlichen Selbstvertrauens.

Was für die eingesetzten – die ›gestifteten‹ – Religionen spricht, ist ihre Analogie zum Bewußtsein: es kann sich nicht mehr zurück ins Nichts, kann sich nicht mehr ohne Sein denken. Eine Wunde, die sich ihr Fleisch verschafft …

Die Geschichte der Technik zeigt, wie Erfindungsreiche die Fehler ihrer Vorgänger korrigieren, die Geschichte des Glaubens zeigt, wie Religionsstifter die Fehler der Schöpfung vertuschen.

Das einzige religiöse Pathos, das die Religionswissenschaft zuläßt, ist der Wille zum Wissen, welches Leben der Heilige geführt habe, bevor seine Gläubigen davon berichteten.

Die ›Kläglichkeit des Irdischen‹ – sie hängt uns an, seit jemand triumphierend verkündete, wir seien mehr denn Erdlinge.

In der Gesellschaft jeden Glaubensstifters wird man eine schöne Büßerin finden, die ihm die Füße wäscht und sich seine Stiefel anzieht, um sein Evangelium in die Welt zu tragen.

Fluch und Segen – Attribute eines Gottes, der nicht mehr zu Schöpfung oder Vernichtung zugelassen ist.

Göttlich der Mensch, der weder Furcht noch Liebe erweckt!

Der Anfang des Christentums waren Haß und Eifer, sein Ende ist, daß zu beidem sich niemand mehr herablassen will. Das Christentum stirbt an der allgemeinen Unlust, es ans Kreuz zu nageln.

BOTSCHAFT

Der echte Irrtum ist unsterblich, weil er am Lebendigen haftet und nicht erst ›in die Welt gekommen‹ ist – wie fast jede Wahrheit.

Zweitausend Jahre Infantilismus: Das Neue Testament hat die Unschuld der Kinder für immer diskreditiert.

Es genügt uns, daß wir eine Botschaft hören, um den Mangel des Glaubens in uns zu fühlen.

Zur Weltherrschaft ist der Geist berufen, der nichts aussagt und dem alle Welt nachspricht.

Von oben herab gesprochen, zeigt ein Wort bestürzend rasch seine Tiefe.

Als Gott unmenschlich war, erregte er beim Menschen noch Gefühle.

Jede Wahrheit wird zur heiligen, wenn nur einer sie verkünden darf.

Die frohe Botschaft? Ein leerer Umschlag, überfrankiert!

Am Prediger des Wortes überwältigt die Ungerührtheit, womit seine Predigt die Ungerührtheit der Welt ignoriert.

An einen Erlöser glauben heißt, vom Wissen über sein Elend keinen Gebrauch zu machen.

Die Jahrtausende bis zum Auftauchen des Zimmermannssohns: eine Geschichte gegenseitiger Forderungen zwischen Gott und Mensch. Die Jahrtausende danach: eine Geschichte gegenseitiger Enttäuschungen. So scheint alles, was mit einer Verkündigung begann, mit einem Schulterzucken zu enden.

Ein Gott, der Mensch wird, um endlich sterben zu können. Als ob der einzige Mensch auf der Welt Selbstmord begehen wollte …

Alle Menschen sind Brüder, verkündet der joviale Gottesmann, und alle Heiden Menschen.

Das triumphierende Grinsen in der Visage eines Menschen, der sich für den Messias hält, muß sich beim Vis-à-vis mit dem Grinsen eines zweiten Messias bewähren.

Nichts hindert einen religiösen Genius von heute stärker an der Entfaltung seiner Talente als verfrühte Bekanntschaft mit einer der fortsiechenden Konfessionen.

Der Kirchentagspräsident ruft das Kirchentagsvolk dazu auf, ›die Menschen‹ für Gott zu begeistern: Therapie sucht Patienten.

Die Leere im Gesicht eines Menschen, dessen Seele die Gewißheit erfüllt, eine Botschaft zu haben …

Religiöse Erziehung des Menschengeschlechts? Vielleicht jenes Gelächter zuletzt auf Gott zu wenden, das die ersten Götter über das Schicksal des Menschen erfaßte!

Liebe

Seitdem die Kirche nicht mehr die Kraft zum Haß aufbringt, kann man auch ihrer Botschaft der Liebe nicht mehr glauben. Hat sie sich also zu einer Kirche des Mitleids gewandelt? Vielleicht in dem Mitleid, auf das ihre Angestellten beim Steuerzahler hoffen …

Universelles Mitleid verlangt einen Mangel oder ein Übermaß ästhetischer Empfindlichkeit: Die Religionsgeschichte quillt über von so hilfsbedürftigen wie hilfsbereiten Seelen, denen Selbstekel verbot, sich selbst zu helfen.

Rein wäre das Mitleid des Menschen nur, wenn er es auf etwas dem Menschen absolut Unähnliches wenden könnte, etwa auf ein heiliges Ungeheuer oder besser: auf einen Gott.

Irgendwann empfindet man für den Glauben weder Haß noch Verachtung noch Mitleid, sondern nur mehr Bewunderung, wie für eine besonders seltene Krankheit.

Der Versuch, die Geschöpfe durch den Umweg eines Glaubens an Gott zu lieben, endet meist damit, daß man sie ob ihres Schöpfers bemitleidet.

Was heißt Hingebung anderes als die Bereitschaft, etwas hinzunehmen?

Der Liebende erkennt, der Lieblose durchschaut alles.

Sogar einen Gott kann man erniedrigen, wenn man nur ein Gefühl für ihn haben will.

Wer befiehlt, die Menschen zu lieben, der befiehlt, die Menschen zu ändern. Niemand liebt die Menschen, wie sie sind.

Um sich für *den Anderen* interessieren zu können, von dem gelehrte Frömmler so viel Aufhebens machen, muß man glauben, daß er die Sache oder man selbst sei.

Ein normaler Mensch kann ›die Menschen‹ weder lieben noch achten. Um seine Normalität zu bewahren, muß er sich wie Gott verhalten und ›die Menschen‹ ignorieren.

Das Erdenleben mit einem eifersüchtigen Gott könnte komfortabler sein, als sich mancher Ungläubige träumen läßt: Solch ein Himmelsvorsteher beschränkt seinen Wunsch auf Liebe zumeist auf einen Landstrich, einen Volksstamm.

Den anspruchsvollen Christen beunruhigt nur der Mensch, der ihn um seinen Glauben nicht beneidet.

Die leere Seele füllt sich mit Haß, die haßerfüllte Seele entleert sich in einem Evangelium der Liebe.

Man hat von den christlichen Mördern der Neuen Welt wenig begriffen, wenn man nur ihre Verworfenheit sieht und nicht auch ihre Häßlichkeit.

In den modernen Religionskriegen verlangt die Gottheit nicht mehr, daß man für sie töte; sie begnügt sich mit der Bitte, daß man sie in ihrem Vernichtungswerk nicht stören möge.

Als Oberst Klein, »der bekennende Katholik« *(Zeit, Welt, Spiegel)*, Menschenfleisch und Menschenblut vom Himmel regnen ließ, hätte er sich schmeicheln können, das Leiden seines Heilands überboten zu haben, der als ein Leib aus fünf Wunden blutete.

Die Kirche opfern, um Gott zu retten: Konsequenz einer Liebe, die das Geliebte nicht zu begehren, sondern zu ertragen lehrt.

Die Unmöglichkeit, mit dem angebeteten Wesen zu verschmelzen, ist die Lehre aus unseren erotischen wie unseren religiösen Bemühungen.

Vollendete Christlichkeit wäre, die Götter anderer Menschen mehr zu lieben als diese selbst.

Zuletzt findet, was als Religion des Hasses begann, nicht mehr die Kraft oder den Grund zum Haß und wird, aus Schwäche oder Gedankenlosigkeit, tatsächlich zu dem, was es seit Anbeginn zu sein vorgab – zur Religion der Liebe.

BEKEHRUNG

Der Glaube, daß man anderen Menschen nichts schulde, ist gewöhnlich das erste Anzeichen einer religiösen Berufung.

Die Schwierigkeit ist nicht so sehr, fromm zu werden, als nicht zu glauben, daß man es immer schon war.

Die Unberufenen sind auf Erden, um andere, die Berufenen, um sich selbst zu quälen.

*

Neben der Frömmigkeit auf dem Sterbebett gibt es die Bekehrung während jenes unabsehbaren Siechtums, das der geistigen Jugend folgt. Die Sterbensfrommen sind vielleicht kläglich anzuschauen, die Stolzen einer rechtzeitigen Bekehrung jedoch – einer ›Erneuerung‹, einer ›Wiedergeburt‹ mitten im Leben – wirken oft lächerlich. Sie sprechen von ihrem neuen Glauben nicht wie von einer Liebe, die einem die Welt erschließt, sondern wie von einer Geliebten, mit der man sich überall zeigen und die man doch für sich behalten darf. Besagter Dünkel wäre weniger lächerlich, wenn er tatsächlich nur der neuen Geliebten gälte. Doch sind sie gar nicht in die zufällig auf sie gekommene, oft mit Willkür erwählte Mätresse verliebt, die sich ja – wie jede Mätresse – auch andern Anbetern hätte öffnen können. Den Spätlingen des religiösen Eros dient der neue Glaube dazu, sich am eigenen Dasein zu erregen, an dem, was sie immer schon waren: Reisende auf dem Weg zu sich selbst, Sünder, die sich immerzu bessern. Man höre nur, mit welch zärtlicher Verachtung die Neufrommen von ihrem früheren, unbekehrten Dasein sprechen! Hat ihnen die Glaubensfee nicht mit *einem* Stich die Augen geöffnet für diese ungeliebt-liebenswerten, liebenswert-erlösungswürdigen Kerle, die sie waren und nun auch noch sehenden Auges, verfluchenden Wortes sein dürfen?

*

Um fromm zu werden, genügt es nicht, sich ungerecht behandelt zu fühlen; man muß auch darauf vertrauen können, daß kein menschliches Auge diese Ungerechtigkeit sah.

Daß Religion mehr ist als Moral, dies begreift man angesichts der Unbekümmertheit, mit der ein Neubekehrter die Regeln menschlichen Anstands verletzt.

Ist jemand fromm geworden, so schwindet zuerst seine Gabe, sich für etwas Bestimmtes zu begeistern: anlaßlose Begeisterung oder dumpfes Brüten heißen die Alternativen eines frommen Seelenlebens.

Das Bedürfnis zu glauben trennt eher von der Wahrhaftigkeit als von der Wahrheit.

Welcher Bekehrte wollte nicht gern einmal unter heutigen Methodisten in Konvulsionen verfallen, den erweckten *jumper* geben? Keine christliche Sekte, in der die Bräuche der Gründerjahre nicht Aufsehen erregen würden!

Ein Heiligenleben interessiert uns aus demselben Grunde nicht, aus dem uns auch ein glückliches oder erfolgreiches Leben nicht interessiert: Der Heilige, der Glückspilz, der Erfolgsmensch haben Grund, mit sich zufrieden zu sein, sie haben also Grund, uns zufrieden zu lassen.

»Ich würde dem Evangelium nicht glauben, wenn mich die Autorität der Catholica nicht überzeugt hätte ...« Und der Katholik würde St. Augustin nicht glauben, wenn dieser seinen Unglauben nicht gebeichtet hätte.

Die frisch Konvertierten bevorzugen es, mit ihren Bekenntnissen andere zu quälen. Die im Glauben schon etwas Fortgeschrittenen sind es zufrieden, sich selbst zu quälen.

Wer ›wie die Kinder‹ wird, hat bereits dafür gesorgt, daß er nicht alt wird.

Die religiöse Duldsamkeit der Alten zeigt sich vor allem daran, daß sie uns nicht zu den Schwärmereien ihrer Jugend bekehren wollen. Es genügt ihnen, daß wir den Meinungen ihrer reifen Jahre zustimmen.

Jede frohe Botschaft scheint zuerst ein seliges Kinderlallen auszulösen und zuletzt die Sorge des Greises, ob sein angespartes Kapital noch gültige Währung sei.

Niemanden behandelt der Neubekehrte von heute morgen hochmütiger als den Neubekehrten von heute abend.

GLAUBE

Fromm werden heißt, sich selbst nicht mehr glauben zu können.

Die religiöse Begabung – wie sollte sie nicht zum Hochmut führen, da sie jede andere Begabung überflüssig macht?

Der Glaube ist das Selbstgespräch, das den göttlichen Zuhörer braucht.

Wer keine Lust heucheln kann, kann auch keine empfinden, wer nicht bigott sein kann, kann auch nicht fromm sein.

Glauben bedeutet, niemals zu vergessen, daß das Geglaubte nicht mehr denn Glauben verdient.

Religiöse Begabung verrät, wer Gott, nicht, wer die Kirche angreift.

Was die Seele bevölkert, vereinsamt den Menschen.

Es mag ein Denken vor dem Denken geben, jedoch keinen Glauben vor dem Glauben. Die Gabe zu glauben trifft wie eine Gnade – oder ein Fluch.

Nichts liegt für einen Gläubigen näher, als sich Gottes Sohn zu nennen, denn sind für einen Gläubigen nicht alle Menschen die Kinder Gottes? Und nichts fällt einem Gläubigen daher auch leichter als der Glaube, daß Gott *dieses* sich Gottessohn nennende Menschenkind sei, denn hätten sonst nicht alle Menschenkinder sich längst schon Gottessöhne nennen können?

Was an den Glaubenssatten auffällt: die toten Augen, selbst wo sie leuchten. Können leere Seelen leuchten? Doch diese Seelen sind nicht leer, sie sind gestopft mit Glauben. Der Wunsch gestopfter Seelen mag freilich auf Entleerung lauten, auf daß sie sich nicht nur fett fühlen, sondern auch reich glauben dürfen, überreich ... überfließend von Glaubensreichtum. Welt und Leben arm zu sehen, um sie mit dem eigenen, überfließend-überflüssigen Reichtum versorgt zu wissen, dieser Eifer ist es, worin die Bürgerlichkeit das Christentum beerbt hat. Tote Seelen? Das wäre Metaphysik. Bleiben wir bei der Physik: Ausgestopfte Menschen!

Man glaubt nur beim ersten Mal, was man sieht; danach sieht man auf das, was geglaubt wird.

»Die Wahrheit wird euch frei machen« … und die Lüge fromm.

Wenn ein Mensch glaubt, dann hält er gewisse Dinge für möglich. Der Gläubige jedoch hält sie für garantiert.

*

Das Paradoxon verzückt einzig die Gebildeten unter den Christen. Das gemeine Christenvolk glaubt an die gewöhnliche Logik: Weil der Ruhm dieser Welt vergänglich ist, muß es unvergänglichen Ruhm in einer anderen geben.

Die begrenzten Rechte des Denkens – gegenüber Gott, Mensch, Welt – erkennt nur, wer sich – im Zweifeln – dem Denken *ganz* überläßt, ob durch Schwäche, Leidenschaft, Ehrgeiz, Verdorbenheit. Mit anderen Worten: Allein der Extremismus des Denkens bewahrt vor jenem Totalitarismus des Geistes, der ein lebendiges Ganzes erdenken will und hierfür den geistigen Tod in Kauf nimmt.

Wer außerhalb der Religion groß geworden ist, dem erscheint sie als eine Synthese aus Moral und Metaphysik, wer außerhalb der Metaphysik groß geworden ist, dem erscheint sie als eine Synthese aus Religion und Wissenschaft, wer außerhalb der Wissenschaft groß geworden ist, dem erscheint sie als eine Synthese aus Metaphysik und Technik … Und all diese Machwerke scheinen jenem plausibel, für den sie Kunstwerke sind.

Die großen und kleinen Synthesen des Okzidents – die katholische, positivistische, nietzscheanische, marxistische – treten heute sämtlich als Bescheidungslehren auf, warnen vor den Folgen der Entgrenzung, die sie selbst einst förderten, rufen mit leicht himmelwärts gedrehtem Auge nach Maß und Mitte im Erdendasein. Die Beschränkung auf den kleinen, selbstgezogenen Kreis ist die zeitgemäße Form des Machbarkeitsglaubens: In den Doktrinen, die eine Mäßigung verkünden, spürt man den Hochmut des Geschöpfs, das anderen ein Maß zu setzen sucht.

Fromm und weise zugleich kann in der Neuzeit nur der Cartesianer sein. Im Leben den mittleren Weg gehen, um im Denken das Äußerste wagen zu können: Der Rat des *Discours de la méthode* wird am Beginn eines Weltalters erteilt, da sich der Mensch in Wollen und Handeln als potentiell gottgleich erfährt – weil er Dinge tun und wünschen kann, die einer erschaffenen Vernunft nicht vorstellbar sind (*Meditationes* IV, 12, 15). Der Extremismus des Unvorstellbaren kann sich aber, anders als der des Denkens, aus eigener Natur nicht erschöpfen. Er zeugt sich fort auf Kosten des von Natur Begrenzten, des Menschenlebens. Ein in rücksichtsloses Grübeln verfallener Mensch gefährdet nur sich selbst, die potentielle Unendlichkeit des Zweifels findet ihre natürliche Grenze an der Verzweiflung, an existentieller Langeweile, an physischer Schwäche. Der Extremismus des Denkens läßt die real existierenden Götter unangetastet, denn der Zweifel an ihnen oder der Widerstand gegen sie würde den Geist binden, mithin erniedrigen. Genau umgekehrt verfährt der Extremismus der Tat und ihrer Lobhudler. Er warnt vor der endlosen, somit skeptischen Ausschweifung des Denkens und sucht sie, da die alten Götter es nicht vermochten, durch neue Götter zu mäßigen. Das können nur erdachte Götter sein. Die Revolutionäre der letzten zwei Jahrhunderte sind darin ebenso synthetisch verfahren wie die Reaktionäre der letzten zwei Jahrhunderte; Terroristen nach Tat und Gesinnung bei dem Versuch, das Synthetische und somit Umgrenzte durch eine grenzenlose Anstrengung als natürlich erscheinen zu lassen.
Den Menschen in ›seine natürlichen Grenzen‹ zurückzwingen? Er wird dort zwanglos einkehren, sobald ihn nur noch künstliches Leben umgibt!

*

Fromm bleiben die Völker, deren Gottheiten das Schweigen und den Schleier bevorzugen. Wo jemand sich durchs Wort zu entschleiern beginnt, enttäuscht er als Gott ebenso wie als Frau.

Der Glaube bringt das Ende des Ahnens, die Religion ist die Kreuzigung der Religiosität. Christliche Deformation der Frömmigkeit!

Die Seelen, die das Evangelium beschnitt, müssen sich von der Sonne abwenden, um zu wachsen.

Buch der Bücher, nicht der ehrlichen Bücher, bis auf eines: Hiob. Glaube ohne Hoffnung.

Die Zeit? Täuschung des Menschen durch Gott. Die Ewigkeit? Täuschung Gottes durch sich selbst.

Wenn in den *Erbaulichen Übungen* Kierkegaards nicht immer wieder seine Phobien, sein Gekicher, sein Hochmut und seine Verzweiflung vernehmbar wären, dürfte kein Mensch, ausgenommen Theologen, sie für die Schriften eines religiösen Genies halten.

Den Esprit streift die Gläubigkeit nur dort, wo sie boshaft wird: im Mythos von unserer ersten Schuld, in dem Gleichnis von den glühenden Kohlen auf dem Haupte unseres Schuldners …

Den festen Blick auf die Welt haben Götter, Helden und Lügner.

Stolz auf den eigenen Glauben – diese Arme-Leute-Variante des Hochmuts findet sich am häufigsten in den Kirchen der Inspirierten, und das mit Recht: Man darf stolz darauf sein, daß ein stärkerer Intellekt einem das Denken abnimmt.

Dem religiös Unbefangenen kann ›heilig‹ nur eine Eigenschaft jener Kühe bedeuten, zu denen ihn seit je sein Appetit hintreibt.

Einem Gläubigen niemals widersprechen! Sein Bekenntnis schuf die verbale Wüste, die man mit keinem Wort bepflanzen kann.

Wenn der Glaube das Opfer des Intellekts fordert – was ist da erst von der Hoffnung, von der Liebe zu erwarten?

Religiös erweckt heißen nach wie vor jene, die nur schlafen können, wenn jemand über ihre Träume wacht.

Ein Atheist ist ein Mensch, der ohne jene Sehnsucht geboren ist, die sich mit Gott manchmal nicht begnügt.

PIETÄT

Lebendiger Glaube ist eine Praxis, die sich nicht darum schert, ob sie einer Theorie, dem Leben oder Gott entspricht.

Der Mensch: das krumme Holz, der fromme Mensch: das sich krümmende Holz.

Sicheres Indiz einer religiösen Erkrankung: Jemand glaubt seine seelische Gesundheit zu spüren.

Das Rätsel der Allgegenwart Gottes löst der Gläubige dadurch, daß er nicht allzeit an Gott denkt.

Zur Frömmigkeit disponiert der Neid auf das, was ein anderer *ist*, nicht der Neid auf das, was er hat, und wäre es auch der rechte Glaube.

Was an den Aufrichtigen verstört, das ist ihr Glaube, alle Welt müßte das gleiche Vertrauen in ihre Aufrichtigkeit setzen wie sie selbst.

Ob man zu Menschen pilgert oder zu Göttern – in ihre Heiligtümer tritt man doch stets mit Verspätung.

Am eifrigsten verehrt die Kanaille den, der sie verachtet. Das gilt für tote Kanzler nicht anders als für ferne Götter.

Die Demut, welche die Religion dem Menschen anträgt, lernt dieser nur, wenn er den Blick Gottes auf die Menschenwelt nachahmt. Wer aber könnte, wenn er je ein solches Auge auf den Menschen geworfen hätte, davon lassen, ein Gott zu sein?

Die Erde ist nichts wert: Das versichern Fromme einander leichthin; es ist die erste Stufe der Frömmigkeit. Die zweite Stufe erreichen die wenigsten, und sie dürften sich dann kaum mehr Fromme nennen: Der Himmel ist nichts wert.

Sobald ein Glaubensfanatiker sich nur mehr durch Scheußlichkeiten artikuliert, beginnt man zu glauben, daß gleich dahinter sein Heiligstes wohne: Das Zartgefühl des Fanatikers zog die scheußliche Glaubenstat noch immer dem schamlosen Glaubensgerede vor.

Wenn man sich nach den Gefährdungen des Hochmuts, wie sie jede unbefangene Geistesbetätigung birgt, in die Sicherheiten der Selbstdemütigung dank irgendeiner Frömmigkeit geflüchtet hat – was kann einen da noch unsicher machen? Allein die Selbstzufriedenheit einer Einfalt, die sich seit je für Demut hielt!

Das Gefühl, einem Gott nahe zu sein, hat man genau dann, wenn man von einem anderen zu ihm kommt: Man weiß, was einen erwartet, nicht jedoch, wer es ist und vor allem, wie er ›es‹ sein wird. Diese Mischung von entschlossener Bewegung und zuversichtlichem Innehalten in der Nähe der Gottheit ist dem gewohnheitsmäßigen Atheisten genauso unbekannt wie dem gewohnheitsmäßigen Monotheisten – daher die ärgerliche Verhuschtheit, die anstößige Ungerührtheit ihres Glaubens.

Wohlmeinende Fromme wünschen ihren Zeitgenossen einen *heiligen Schrecken*, auf daß diese Weltkinder zur Verzweiflung und auf die Knie und zur rettenden Gnade fänden. Jene Wohlmeinenden haben von der heutigen Welt so wenig verstanden, daß sie nicht die tägliche Angst in ihr sehen, die den einen, großen, heiligen Schrecken unwiederbringlich zerstäubt hat.

Wer nicht bereit ist, gegen die Normen des Geschmacks oder gegen die Formen des Anstands oder gegen die Regeln des Logischen zu verstoßen, der wird es religiös nicht weit bringen. Genau deswegen kriechen Kirchentagsprotestantismus und Salonkatholizismus auf so wunden Knien: durch ihren Glauben, daß Religion vereinbar sei mit Vernunft oder Moral oder Ästhetik.

Wenn das Christentum zuweilen gute Manieren toleriert, dann einzig durch die innere Distanz, die es den Vollbringern der Nächstenliebe auferlegt. Das Kreuz des Nächsten tragen, ja den Nächsten selbst noch, bis in jene Höhe, von wo die Schätze der Welt überschaut und gezählt und ergriffen werden können – jederzeit! Doch die Freude des Nächsten an jenen Schätzen teilen – das niemals!

Ein Gott stirbt nicht erst, wenn eine Kirche ihm einen Namen und ein Haus gibt, sondern schon, wenn ein einziger Gläubiger sich seines Glaubens gewiß zu sein meint.

Fromm geworden ist ein Geist erst dann, wenn er auf die Pointe verzichten kann … wenn er Frommer unter Frommen zu sein wagt.

Sünde nennt der Christ jene Dummheit, durch die Intelligenz möglich wurde.

KONFESSION

Ein Gott beginnt zu sterben, sobald er seine Gläubigen fand. Mit Recht ließe sich daher behaupten, daß im Glaubensleben ein Gottesleben zweiten Grades stattfinde, das Leben eines Gottes nämlich, der sich von seinen Jüngern einen Namen, einen Anfang und ein Ende geben ließ. Noch schneller als durch die Welt, die sein Werk sein mag oder auch nicht, stirbt ein Gott in den Worten, die man von ihm macht. Gelebt hatte er in ihnen anfänglich, als seine Bekenner und Beschwörer – gedankenleer, glaubensvoll – einen göttlichen Namen anriefen. Was man auf Erden an göttlichem Leben findet, ist überhaupt nur dieses gedankenlose, selbstvergessene Stammeln gottgläubiger Menschen oder Sekten. Sobald das Stammeln verstummt, der göttliche Name gängige Münze und so der Glaube sicheres Kapital wird, offenbart sich neben der Endlichkeit auch das Verenden der Gottheit. Der Glaube an sie ist das stille Wissen geworden, daß man den Namen des Herrn nicht unnützlich führen soll.

Je leichter der Eintritt in eine Sekte, desto schwerer sollte der Hochmut sein gegenüber denen draußen. Doch bringt man ihn auf, sogar im Übermaß. Diesen Dünkel und diese Dummheit haben die Bekenntniskirchen in die Welt gebracht, in denen man Mitglied wird auf einige Worte oder Wassertropfen hin. Durch Konfessionalität ist die Spiritualität billig geworden. Kein Meister, der sein Handwerk versteht, verachtet den Lehrling oder den Laien. Nur die Stümper, die *als erste* tun, was hernach alle Welt tun kann, zeigen diesen frommfeisten Hochmut, den Hochmut der Glaubensbesitzer: Sie haben schon jetzt, was bald alle Welt haben wird. Man versteht, warum einst bei gewissen Katholiken das Bekenntnis den Verstand, bei gewissen Protestanten das Bekenntnis die Moral ersetzen konnte – sie glaubten, Verstand und Moral schon durch ihr Bekenntnis zu beweisen.

Es ist ein Akt der Verzweiflung oder ein Ausweis von Beschränktheit, wenn man den Alltag einer fremden, gar vergangenen Kultur nach dem dort verkündeten Glauben beurteilen will. Als ob ein Glaube dazu diente, sich selbst in ihm zu zeigen, als ob ein Genesender aller Welt davon berichten wollte, was ihm aus der Krankheit half! Der Westler, im Käfig seiner Freiheit, will über die Gläubigkeiten der unfreien Welt urteilen, deren Alltag ihm auf ewig verschlossen bleibt. Als geborener Vorzeiger glaubt er diesen Alltag durch

Ideen – Dogmen, Ideologien – bestimmt, weil sie das einzige sind, was sich allerorts bekennen, aufsagen, eben: vorzeigen läßt. Der Westler ist das im Freiheitskäfig so irr wie träg gewordene Tier, das an den alltäglichen Verzehr jenes Fleisches glaubt, das er vor seinen Gitterstäben hin- und hergetragen sieht.

Was eine Konfession von bloßem Glauben unterscheidet, das ist die Gemeinschaft der Gläubigen. Nicht, daß sie deswegen einen gemeinsamen Glauben hätten! Eine Kirche entsteht nicht dadurch, daß man zueinander über das Göttliche spricht, sondern dadurch, daß man miteinander in die Richtung schaut, in der man es vermutet. Oder wo es sich zuletzt gezeigt hat. Oder wo aller Richtungssinn schwindet, zumindest der raum- und damit leibgebundene. Die Kirche entsteht als Gemeinschaft der entseelten Leiber und der leiblosen Seelen. Malebranche hat es gewußt: »Gott ist der Ort der Geister« für jeden, der seinen Nächsten nicht sehen und doch an dessen Existenz glauben will.

Die Geschmacklosigkeit, vom eigenen Glauben zu *sprechen* – warum findet sie sich gerade bei jenen, die auf ihren Geschmack in *allen* Dingen so stolz sind, bei jenen, die mindestens ein Nasenloch zudrücken, wenn sie sprechen? Aus demselben Grund, der ihnen sowohl den schlichten Glauben als auch den rechtschaffenen Zweifel verwehrt: Sie *besitzen* ihren Geschmack, wie sie ihren Glauben besitzen, sie leben nicht in ihm. Ästhetiker des Glaubens, Theologen des Geschmacks – Psychiater, die gern so inspiriert wie ihre Patienten wären.

Erkünstelte Gottheiten: Das Schicksal, zuletzt in die Hände entweder der Funktionäre oder der Flaneure des Geistes zu fallen, teilt die Religion mit der Kunst. Und wer zu beidem nur halbe Berufung spürt, der knetet aus ihnen ein Ganzes und betet sich selbst darin an.

Kultiviertheit, Intelligenz, Gewissen – der Religiöse ohne Bekenntnis besitzt all dies, ohne es zu ahnen. Was die Bekenner ihren Glauben nennen, verliert er, wenn sie ihn nach dem seinen fragen.

Was an fast allen auffällt, die der Ekel an der Welt zum einsamen Gespräch mit Gott trieb: ihr Eifer, zur Welt von Gottes Schweigen zu sprechen.

Konfessionell darf jede Seele heißen, die an der Abwesenheit von Gläubigen in einer Kirche mehr leiden würde als an der Abwesenheit der Orgel.

Die Vulgarität seiner europäischen Verehrer garantiert dem Buddhismus, daß er eine asiatische Religion bleiben wird: In Europa verehrt man den Buddha so zudringlich wie einst den Christus.

Das obszöne Herumzeigen des eigenen Glaubens oder Unglaubens ist typisch für Seelen, deren Blöße kein Bekenntnis mehr deckt.

Durch einen Atheisten, der von seinem Atheismus schweigen könnte, müßte sich jede Gottheit bedroht fühlen.

Zum Bekenntniseifer neigen die armseligen Geister, nicht die besitzlosen – die von der Skepsis besessen sind.

Nicht jeder Glaube beschränkt sich auf sein Bekenntnis. Mancher ist so dringlich wie ein Bedürfnis. Es sollte ausschließlich an den dafür bestimmten Orten verrichtet werden.

Bekenntnisse einer frommen Seele gehören in den Beichtstuhl wie Bekenntnisse einer sündigen Seele auf die Bestsellerliste.

Mangel begründet eine Religion, Wohlstand erhält sie als Institution, Überfluß erniedrigt sie zur Konfession.

Kein Bekenntnis ist so dringlich, als daß gleichgültig sein könnte, zu welcher Zeit man es ablegt.

Im Weinberg des Herrn halten sich auch die Schnecken für fromm.

Sinn jedes Bekenntnisses: seinen Stifter vergessen machen.

KIRCHE

Einem Gott zu gehorchen fiele leichter, wenn man dafür nicht diesem und jenem seiner Vertreter gehorchen müßte.

Je kleiner eine Kirche, desto größer ihr Dünkel gegen alle, für die in ihr kein Platz mehr ist.

Im Schutz eines Tempels wagt man es jederzeit, die Gottheit mit einem Gebet herauszufordern.

Der Anblick von Gottes Dienern sollte ausschließen können, daß Ihn jemals läppische Gebete erreichen.

Priester lehren, Laien wissen.

Religiöser Optimist ist, wer den Kampf zwischen Christus und dem Christentum noch für unentschieden hält.

Die Verbrennung und die Erscheinung eines Gottes – zwei Momente, in denen eine Kirche zu Staub zerfällt.

Worin sollte der Gottlose Trost finden, wenn nicht in Gotteshäusern, endlich befreit vom Gottesvolk?

Die Kläglichkeit einer Kirche, die schon Minderheit und noch nicht Sekte ist …

Das Selbstvertrauen der Kirche ist architektonisch begründet: Die Betenden versterben, die Gebete verhallen, der Gebetsraum bleibt bestehen.

In manchen Epochen ist aus den religiösen Instituten aller Eifer des Glaubens geflohen. Er wohnt nun bei seinen Kritikern. Kein Wunder, daß nüchterne Glaubensbewahrer eine Verfolgung der eifernden Glaubenskritiker wünschen …

Die unschätzbare Kulturtat einer jeden Kirche ist es, daß man durch sie die ständige Furcht vor der Gottheit verliert – daß man es lernt, nur während der Öffnungszeiten zu zittern.

Wer sich vorm Wiedereintritt ins große Dunkel fürchtet und wen die Tröstungen des Christentums nicht mehr erreichen, der sollte sich sagen, daß er mit seinem zittrigen Zwischenspiel im Licht nur das Schicksal seines machtlosen Trösters wiederholt.

Nachdem die Kirche nicht mehr die Macht hatte, über die Einhaltung gewisser Gebote zu wachen, begann sie Angebote zu machen. Wird man die Angebote der Kirche annehmen, nur weil sie einen nicht mehr an ihr Kreuz schlagen kann?

Kultus

Gottesdienst. Kein Glaube kennt ein arroganteres Wort.

In den Kulten des Lebendigen folgt auf das Erbarmungswürdige still und leise das Erbärmliche.

Ein Gotteshaus: einst die Stätte, wo man sich vor dem Wirken der Gotteskinder sicher fühlen durfte.

Lebendiger Glaube gleicht weniger einer Überzeugung als einer Gewohnheit oder wenigstens einer Angewohnheit.

Die zwei religiösen Elementarhandlungen: innere Hemmnisse in äußere, äußere Hemmnisse in innere verwandeln. Götzendiener oder Gewissenskranker werden.

In manchen Gotteshäusern spürt man das Göttliche nach wie vor – vielleicht ob seiner Unfähigkeit, aus diesen Häusern zu entweichen.

Die Ungeduld beim Anhören von Sonntagsreden deutet auf eine noch nicht entfaltete religiöse Begabung.

Im Kollektiv, auf Bänken und Fliesen beten … Glaubt denn ein Rudel Wölfe an den Mond, den es anheult?

Die Lüge ist mit dem Kultus in die Welt gekommen, der ein Gefühl verlängern will, statt ein Geschehen zu wiederholen. Die Lüge hat mit der Verleumdung begonnen, der Mythos sei gefühllos.

Man sieht es einem Menschen an, wenn er aus einem Gottesdienst kommt. Was er dort hörte, hat ihn unempfindlich gemacht gegen alles, was es zu sehen gibt. Der stiere Blick des Wissens, der Starrblick aller Belehrten …

Wenn neben uns ein Schwachkopf auf die Knie sinkt im selben Heiligtum, müssen wir uns entscheiden, ob wir unsere Anbetung beenden oder die Gottheit wechseln wollen.

Über die Kläglichkeit eines Glaubens hilft die Großartigkeit seines Kultus hinweg.

Den intellektuell wie den spirituell Feinfühligen muß es verstören, wenn er Menschen – trotz ihrer Minderzahl bleiben sie *Menge* – aus einem Gotteshaus strömen sieht. Haben sie denn keine Ahnung, keine Achtung vor dem Einsamen, der darin wohnte?

Am schnellsten wechselt die Menschheit jene Götter aus, die nicht mehr in Holz oder in Stein, sondern in Bronze nachgebildet wurden.

Künste

Für einen historischen Augenblick müssen die Künste so schwach gewesen sein, daß sie Gott nicht mehr auf Abstand halten konnten. Sogleich hatten ihn Wissenschaft und Technik ergriffen und in die Welt geholt. Die Kirche, Narrenschiff der Funktionäre, fuhr nebenher oder ankerte seitab. Später gelang es den Künsten, sich aufzurappeln, sich Gehör zu verschaffen für ihr Raunen von Gott als dem *Ganz Anderen* – kein Kunststück angesichts der täglich so gottgleich wie welttüchtig waltenden Wissenschaft und Technik! Doch ob das Göttliche nun das unausdenklich Andere oder das unaufhörlich Anwesende sei, ob Weltferne oder Weltmacht, ob eine Sache halbdunkler Gnosis oder tagheller Mystik, es kann keine Erwartungen mehr wecken. Schon gar nicht Hoffnungen, diesen aus Glaubens- und Wissensabfall gefertigten Götterdreck. Erwartungen konnte nur ein lebendiger, also sterblicher Gott wachhalten, ein Gefährte des Menschen in dieser Welt und zugleich ein Führer über sie hinaus – ein Gott von übermenschlicher Lebenszeit. Eine letzte, vielleicht sogar fromme Frage an ihn wäre, ob man die Welt für den Leib eines Gottes halten müsse, der seiner göttlichen Eigenschaften verlustig ging, oder die Weltlosigkeit – geoffenbart in den erhabenen wie den erbärmlichen Formen des Scheiterns – auf den Namen Gottes taufen solle.

*

Wäre ich Dichter, würde ich sofort an Gott glauben – um endlich für ein anderes Publikum zu schreiben als für Leser oder Kritiker.

Verkrachte Poeten machen Revolutionen, verhinderte Revolutionäre stiften Konfessionen.

Die Kunst, entlassen aus dem Dienst des Glaubens, benimmt sich zunächst wie jede Freigelassene: sie betrinkt sich und hält ihren Rausch für göttlich.

Am sorgfältigsten formuliert man, wo der Gegenstand am flüchtigsten ist – in der Polemik. Die *Pensées* werden erst mit Gott sterben, die *Lettres à un provincial* welkten mit seinen Vertretern.

Gewiß nicht anders als mancher Dichter von Welt begann auch ihr Schöpfer an seinem Buch zu schreiben in dem Glauben, es handele von ihm selbst.

Der gescheiterte Dichter, der Prophet wurde, eifert gegen niemanden so heftig wie gegen den gescheiterten Dichter, der Politiker wurde.

Ein verirrter Frommer, der sich für einen Gottlosen hält, erschafft das blasphemische Kunstwerk, das von einem Ungläubigen im Kardinalsrot verdammt wird.

Wenn man müde oder krank ist, beginnt man, sich für Goethe zu interessieren. Darin gleicht er tatsächlich Gott.

Bloys oder Schelers Versuche, im Zeichen der Demut oder des Hochmuts, des Elends oder des Edelmenschen die christliche Gefühlswelt gegen den bürgerlichen Gewissensstolz abzugrenzen – das bleiben *Behauptungen* über eine Welt, wie sie nur durch Weltlose aufgestellt werden dürfen, durch Gnostiker oder Historiker.

Die religiösen Naturen verlassen erst gegen Ende des Lebens ihre von Gewissenslärm durchtoste Stille. Sie kämpfen dann gegen das Unrecht der Welt und kommen in ihm um. Die konfessionellen Naturen haben sich gleich zu Anfang mit irgendeiner kleinen Gemeinheit versöhnt. Sie stehen hoch über ihr und schreiben *Von der Eitelkeit dieser Welt*.

Nicht sein Glaube, sondern der Ehrgeiz, sich mit ihm zu schmücken, hat den Stil dieses Schriftstellers verdorben: in schimmligem Moos ein Rinnsal, das die Herkunft aus einem Wolkenbruch prätendiert. Grasfäule, Geplätscher und Geschäum. Ein wenig mehr Demut, und die Nachwelt hätte von ihm sagen können: ein erstklassiger Schriftsteller zweiten Ranges.

Wenn man liest, was neudeutsche Gottsucher an Glaubensgründen alles gefunden haben, dann kommt einem das Wort Sartres in den Sinn: »Jede Epoche hat die Intellektuellen, die sie verdient.«

Die Furcht davor, der Banalität des eigenen Daseins ins Auge zu schauen – Treibmittel der hochtönenden Literatur nicht weniger als der vornehmtuenden Religiosität.

»Ohne den Glauben hätte dieses Volk nicht herrliche Kathedralen errichtet!« – »Um so schlimmer für ein Volk, wenn es nur unter Drogeneinfluß bauen kann ...«

Das Kreuz auf dem Gipfel zeigt dem Schöpfer der Erde, wie wenig seine Werke einer Erhöhung bedürfen.

Nietzsche wetterte gegen das pietistische Milieu, aus dem er kam, er wetterte nicht gegen die Catholica: Unter deren Bekennern war er sicher, nicht unter Christen zu sein.

In seiner Monotonie ähnelt das Eifern Bloys den Obsessionen de Sades. Ein Pornograph der Rechtgläubigkeit.

Satans Neid gegen den Schöpfer: der arme Teufel von Künstler, der Satan beneidet, ahmt ihn nach.

Geistlicher Klassizismus langweilt, geistlicher Expressionismus ermüdet. Und was Landschaften betrifft: Wo sind noch die Tempel, daraus die Seele entfliehen, wo die Natur, darin sich das Fleisch erschöpfen könnte?

Die Inspirierten der Neuzeit sind unter den Bürgern zu finden, die da glaubten, nicht zu Bürgern zu taugen. Darum vertrauen wir Kierkegaard und nicht Nietzsche.

Die Gottlosen flüchten sich zu Goethe: die Langeweile seiner Prosa tröstet über die Langeweile ihres Lebens.

Mystiker neigen zum Monolog – ob im Schwärmen, ob im Schweigen.

MYSTERIUM

Der Neubekehrte eines Wunderglaubens verärgert seine Umwelt weniger durch die Leugnung der gewöhnlichen Kausalität als vielmehr durch die Behauptung, auch das Wunderbare folge kausalen Gesetzen, die einzig sein Glaube zu erkennen lehre.

Religiös darf sich jeder nennen, der mit dem Heiligen intimen Umgang pflegt, der es also, wie bei intimem Umgang üblich, profaniert.

Poesie ist Enthüllung, Religion Verleugnung der Absurditäten des Lebens.

Steht der Arme vor einem verschlossenen Haus, glaubt er allzu gern, ihm fehle zum Reichtum nichts als der Schlüssel.

Wer wenig weiß, weiß vieles besser.

Ein Gläubiger ist jemand, der weiß, daß es einen Gott gibt, auch wenn man gerade nicht an ihn glauben kann.

Der Mensch: das geheimnislose Wesen. Eine göttliche Binsenweisheit, von der ein Betender weiter entfernt ist als irgendwer.

Die anspruchsvollen Theologen erklären durch Gott die Welt, die bescheidenen sehen die Welt durch Gott gerechtfertigt.

Gepriesen wird eine Gottheit für ihre jedermann einleuchtenden Taten, *bewundert* wird sie nur für ihre Wunder, für das, was dem Haß der Kanaille auf die Naturordnung schmeichelt. Das Buch Josua ist die Bild-Zeitung des Alten Testaments.

Zwischen dem Hochmut des gottschauenden Auges und der Demut des vor Gott niedergeschlagenen wirkt gelegentliches Blicken auf ein Gottesbild zugleich fromm und vernünftig. Gottgefälliges Mittelmaß: Man begreift den Hochmut einer Konfession, die aus der Demut ein Bekenntnis gemacht hat.

Manche Völker bleiben fromm, weil sie auf Anrufungen oder Ausmalungen des Göttlichen verzichtet haben. Sie sind Zeugen eines sterbenden Gottes gewesen, nicht Mörder eines lebendigen. Man kann ihr Schweigen von den göttlichen Dingen für Pantheismus oder für Dualismus halten – für Gotterfülltheit oder für Gottesscheu.

Das Mysterium weist in der christlichen Welt auf das Jenseits, in der modernen Welt auf die Vergangenheit und in der allermodernsten Welt auf die unglaubliche Vergangenheit, ein absolutes Jenseits aus Unbegreiflichem. Begreift man da nicht, daß der Zeitgenosse, das gierig-sanfte Tier, auf die Knie fallen will vorm Bösen in der Glorie seiner Unfaßlichkeit – der ›Monstrosität‹, ›Singularität‹, ›Einzigartigkeit‹? Ob in ästhetischem Bibbern, ob im moralischen Toben – der Moderne muß mystifizieren, um zelebrieren zu können.

Liebesbeweise werden zwischen Menschen nötig, die sich fremd wurden, Wunder vollbringt ein Gott, der seinem Volk unerkannt blieb.

MARTYRIUM

Warum wirken Lehren, die eine Ablösung vom Leben als ganzen versprechen, niemals so dürftig wie die Versprechen seiner heilsamen Verwandlung? Wohl deshalb, weil der am ganzen Leben Leidende reicher ist als der Heilsgläubige des Lebens. Die Kundschaft des Buddhismus bilden Menschen, die mit der Lebensgier etwas abwerfen wollen, das in sich irreparabel erscheint und dadurch jenen unerwünschten Reichtum bedeutet, der gegen nichts anderes einzutauschen ist. Man befreit sich von einem Ganzen nicht durch ein anderes Ganzes, sondern nur durch seinen Zerfall, durch Zerlegung des Ichs und seiner ›Berührungen‹ und ›Haftungen‹ von innen, dank eigener Einsicht, aus eigener Kraft *(Prajñāpāramitā)*. Der Verwandler und Verklärer des Lebens hingegen wendet sich an den spirituellen Schnäppchenjäger, der in der weitesten wie in der engsten Christenseele wacht. Immer will da einer alles werden und doch nicht alles geben. Immer will sich da einer nur erniedrigen, um dereinst erhöht zu werden – und zu welcher Höhe! Grenzenlosen Gewinn für begrenzten Einsatz verspricht selbst ein Pascal, in einem Rechengeist, dessen Kleinlichkeit verblüfft. Sie bewirkt, daß kein Mensch für derlei rechenschlaue Seelen noch Erbarmen aufbringen kann. Die Grenzen der christlichen Seele sind die Grenzen des menschlichen Ichs. Das Erbärmliche des Erlösungsegoismus liegt in seiner Erbarmungslosigkeit. Gerade die hellsten Geister, die schwärzesten Seelen des Christentums waren die zuallererst um ihr eigenes Heil Besorgten. Sie waren es aus solidem Wissen um ihre anerschaffene Armut an Erlösungskraft. Die Dürftigkeit wird da zur Hoffnung des Überwältigenden, der schlechtere Teil zur Verheißung eines allversöhnenden Ganzen.

Wie anders wird das Gefühl gegen Menschen und Seelen durch die Einsicht, daß sie sich nur im Ganzen loswerden können, weil das Ganze des Lebens unheilbar ist! Im Gegensatz zu jenen Verklärungsgewissen mit dem unverschämten Frohlocken und der Verklärtheitsvisage finden sie das Erlösungswerk ganz in die eigene Hand gelegt. Die sie dann allerdings auch anlegen müssen zu jenem Schnitt, der das Ganze eines unerlösbaren Lebens zerfallen läßt.

*

Jeder Schmerz bildet den Mittelpunkt einer Welt, jede Freude zeigt die Grenzen einer Welt, die verletzt wurden.

An der Welt leidet, wer nicht an sich selbst zu leiden wagt, an sich selbst leidet, wer nicht an Gott zu leiden wagt.

Einst: Wer will schon für die Wahrheit *sterben*? Jetzt: Wer will sich schon mit der *Wahrheit* lächerlich machen?

Um den Menschen durch die Welt strafen zu können, würde Gott für die Welt gewiß sein Leben geben. Was er ja dann auch getan hat ...

Im Okzident fiel die Definition des Heiligen seit je leicht: einer, der sich selbst quält statt seinesgleichen.

Gibt es eine Reue, die das Herz eines Gottes rühren könnte? Vielleicht die Reue darüber, sich als Sohn eines Gottes offenbart zu haben!

Fragt man einen Christen, warum er vor einem Leichnam kniet, wird er vielleicht antworten: »Nicht vor einem Leichnam, vor einem Leidenden!« Vor einem Menschen also, den er lieber anbeten als erretten möchte ...

Mitleid mit Adam, diesem weichen Lehm in einer schon hartgebrannten Welt – hätte das jemals *ein Gott* empfinden können?

Am meisten leiden Mensch und Gott, wenn sie einander für ebenbürtig halten.

Der Durst nach Leiden ist bei manchen Menschen so gewaltig, daß sie sich mit der Verheißung der gängigen Paradiese und ihrer Langeweile und ihres Terrors nicht zufriedengeben, sondern ein strengeres, reineres Leiden fordern, ein Leiden ohne Schielen nach Belohnung, kurz: das Leiden an sich. Sie werden Häretiker des verdienten Leidens und müssen erfahren, daß zum Genuß unverdienten Leidens allein rechtgläubige Henker verhelfen.

Der Legende nach kam vom Hobbyschlosser Louis Capet die Idee zum serientauglichen Schafott. Man stelle sich einen Zimmermannssohn vor, dessen Gesellenstück ein Kreuz gewesen wäre! Aus dem Bourbonenblut dampfte einen Januartag lang mehr Tragik als aus der Jahrtausendwunde von Golgatha ...

Dieser Welt einen Gott draufzusetzen, ist weder besonders zart- noch tiefsinnig. Aber ohne solche Beleidigung von Sinn und Verstand würden sie es nie gelernt haben, sich gegen diese Welt zu empören und so ein wenig von ihr zu erfassen.

Man betet nicht, weil man Gott etwas zu sagen hat, sondern weil man Lust hat, Gott etwas zu sagen – jener Macht, die bislang kein Wort verlor über die Scherereien, in denen man steckt.

Wenn man die Augenblicke des Glücks gegen jene des Leides abgezählt hat, fällt es leicht, die Lehre von der Fülle der Verdammten und dem Häuflein der Erwählten plausibel zu finden.

Wer sich niemals der kathartischen Kraft des Selbstmitleids überlassen hat, wird kaum erfahren, warum er das Leid dieser Welt nicht länger ansehen will.

Wäre jede Krankheit nicht auch eine Demütigung des Menschen, so könnte er sie vollständig den Ärzten überlassen.

Durch das Vergnügen, das die Heiligen hienieden an der Selbstquälerei fanden, dürften sie ihr Anrecht auf die Freuden des Himmels für immer verwirkt haben.

In seinem Glauben daran, daß ihm die Welt etwas schuldig sei, geht der Verworfene mit seinen Klagen bis zur höchsten Instanz, selbst wo diese längst die Welt verworfen hat.

Das Selbstmitleid ist menschheitsgeschichtlich jünger als das Mitleid. Einzig ein Gott brächte es fertig, sich Äonen im Selbstmitleid ob seiner Einsamkeit zu wälzen, ehe er sich als gekreuzigtes Fleisch dem Mitleid der Menschen überließ.

Sobald man die Welt nicht mehr liebt, wird alles ganz einfach – so fatal einfach, wie es vor dem ersten Tag der Schöpfung war.

Zum Konkurrenten eines Gottes wird man erst dann, wenn man die Langeweile inmitten des Schmerzes kennengelernt hat.

Manchmal wünscht man Nachricht – eine Bitte, eine Frage – von Gott zu erhalten, nur um endlich selbst einmal die Antwort verweigern zu können.

Eine geschaffene und geordnete Welt ist leichter im alltäglichen Leiden der Kreatur zu entdecken denn in den Konvulsionen gelegentlichen Glücks.

Der Medizinmann ist der Mediziner des Gläubigen, der Mediziner ist der Medizinmann des Ungläubigen.

Ein gereifter Geist mag zum Mitleid für die Kreatur finden – meist aber nur, weil ihm das Mitleid für die eine oder andere Kreatur abhanden kam.

Abraham: der Mensch, der Gott entfloh, von Gott ergriffen wurde und sich schließlich Gottes erbarmte.

Wenn dein Schmerz dich demütigt, ist dein Schmerz nicht groß genug.

Nur die Freude kennt keine Hierarchien.

Einzige Größe, die angesichts des Leidens zu behaupten ist: nicht behaupten, daß Leiden etwas Großes sei.

Theologie

Die meisten Dogmen wirken erst dann absurd, wenn man ihre Beweise kennt.

Die Theologen sind die Publizisten des Heiligen: Sie gewöhnen ihre Leser daran, über Gott eine Meinung zu haben.

Man kann nicht schreiben und bescheiden sein. Ein ›religiöser Schriftsteller‹ ist ein Renommist auf Knien.

Dieser Gott ist kein Leser. Allein das erklärt die Bücher seiner Theologen.

Die meisten theologischen Dissertationen sind Professoren der Theologie gewidmet, wenige den Propheten, noch weniger den Märtyrern und keine dem Gekreuzigten.

Das Ende eines gewissen Glaubens war vermutlich gekommen, als die Theologen noch in *einer* Sprache disputierten, während die Völker schon in verschiedenen beteten.

Müßte diesem Gott, wenn das Gezänk seiner Theologen zu ihm dringt, nicht ähnlich zumute sein wie dem Chef, der einem Gespräch seiner Angestellten über ihn lauscht?

Jene eine, einzige Kirche, bei der die Orthodoxen so viel Schrecken verbreiten wie die Häretiker ...

Besser als Gott über sich selbst weiß der Theologe über Ihn Bescheid: Der Übersetzer muß klüger sein als der Autor.

Die systematische Theologie ist ein Kodex von Sehnsüchten, wie sie sich an jedem gut aufgeräumten Schreibtisch einstellen.

Welche Gedanken auch Gott über den Menschen haben mag – es können unmöglich so viele sein, wie sich die Menschen über Gott gemacht haben.

Die Enttäuschung an der Welt disponiert einen Geist für die Theologie, die Enttäuschung an sich selbst für die Philosophie.

Die Theologie löst Probleme des gläubigen Menschen, die nur den ungläubigen interessieren könnten.

Ehrerbietung spricht, Ehrfurcht schweigt am längsten.

Ein wenig gleicht er ja selbst einem Professor, dieser Gott der Theologen – wenn er immer nur Antwort gibt auf nicht gestellte Fragen.

Der Ängstliche neigt zur Ausführlichkeit. (Beim Lesen einer theologischen *Summa* …)

Würden die Theologen auch dann so dicke Bücher schreiben, wenn sie *zu* Gott sprechen müßten statt *von* ihm? Die Theologie als Gegenteil des Gebets …

Welche Vorstellung von Gott ein Theologieprofessor hat, ersieht man am besten aus der Beurteilung, die er seinem Assistenten schreibt.

Wer in der heutigen Theologie nirgends zu sehen ist: der Kolumbus, der Gott sucht und manchmal die Welt findet.

Katholik dürfte sich nur nennen, wer bei der Wahl zwischen dem Heiden Aristoteles und dem Christen Descartes keinen Moment zögern müßte.

Wäre Kierkegaard in den Glauben nicht gesprungen, sondern gestürzt, so hätte er vielleicht das gesamte christliche Verhängnis mit sich hinuntergerissen und uns das Gezücht der Dozenten erspart, das von seinen Zweifeln lebt.

Wenn man sich durch einen katholischen Theologen beschwindelt fühlt, dann kann man doch darauf vertrauen, daß wenigstens er die Wahrheit kennt. Dagegen wirkt fast jede evangelische Akademie wie ein Konklave von Selbstbetrügerinnen.

Zu welch ausschweifenden Phantasien die Erscheinung einer Gottheit ihre Gläubigen auch verleitet haben mag – sie nehmen sich bescheiden aus neben jenem endlosen Geschwätz, das der abwesende Gott seinen Erforschern in die Feder diktiert.

Sobald man einem Rundfunktheologen den Ton abdreht und statt dessen das Buch eines Scholastikers zur Hand nimmt, findet man sich einem ehrlichen Geist gegenüber: Hier ist alles Angstgebrüll, Schüttelfrost, Wundstarrkrampf der glaubenswilligen Vernunft.

Je besser jemand Gott kennt, desto weniger wagt er, Gott mit Gebeten zu behelligen. Wann sah man zuletzt einen Theologen beten?

Ein aufgeklärtes Zeitalter hat zumindest das Gute, daß hier die Theologen bescheidener sind als die Gläubigen.

AUFKLÄRUNG

Um andere Leute über etwas aufklären zu wollen, das einem selbst bereits klar ist, bedarf es einer geradezu übernatürlichen Eitelkeit, deren Geheimnis noch kein Aufklärer enthüllte.

Vom Christentum hat der Atheismus nicht nur den Gott geerbt, dem er lediglich die Existenz abspricht, sondern auch die Humorlosigkeit seiner Theologen.

Der Sieg der Einbildungskraft über das Wahrnehmungsvermögen ist ein Opfer, das der spirituelle nicht weniger denn der intellektuelle Fortschritt verlangt.

Ein aufgeklärtes Geschlecht glaubt alles, was man ihm erklärt, selbst, daß es frei von allem Glauben sei.

Wie soll man Toleranz definieren? Vielleicht als eine redselig gewordene Indifferenz.

Daß eine gewisse Verkündigung eine Irrlehre sei, läßt sich am besten im Ton der Verkündigung vortragen.

Toleranz ist der Respekt vor dem, was man sonst verachten müßte.

Durch sein Bekenntnis, daß alles Natur sei, steht der Naturalist hoch über ihr.

Religionsphilosophiebevollmächtigte, Rundfunkreligionsbeauftragte – Gesundheitspolizisten des Glaubens, Geier am Fleisch eines Gottes, der nicht sterben kann.

Warum hören wir immer Aufdringlichkeit, wenn uns jemand von Aufklärung spricht?

Triumphierenden Tons verkündet der Geschäftsführer des deutschen Atheismus, daß kaum ein Drittel der Deutschen noch religiöse Gefühle hege. Woran erkennt ein Atheistenführer religiöse Gefühle?

Religionskritik durch Religionslose ist bloß banal. Betrügerisch hingegen handeln jene Nörgler am Christentum, die ohne Not in den Verliesen seiner Kirche bleiben, um die Gepeinigten seiner Dogmen zu mimen.

Der kräftige Intellekt wagt es, an sich selbst zu leiden, gegen sich selbst zu kämpfen. Der schwache erschafft sich einen Popanz: einen Gott, einen Tyrannen, den er in Briefen und Büchern von seiner Gegnerschaft zu überzeugen sucht.

Die letzte Gefühlsregung, die an den Hochmut des wahren Glaubens erinnert, ist die Verachtung für den schlechten Geschmack des Nachbarn, der die falsche Zeitung liest.

Einsam ohne Gott scheint sich nur der Freidenker zu fühlen: Stets drängt es ihn zu seinesgleichen, in die freidenkende Herde, den freidenkenden Verein.

Blindheit des Aufklärers, der überall Dunkel gewahrt, weil er zu lange ins Licht starrte, ohne zu *begreifen* …

Umringt von atheistischen Gläubigen, hoffen Gottes Diener auf Skeptiker, die am Atheismus zweifeln.

Je kraftloser der Glaube, desto fanatischer seine Gegner: Sie haben seine Kraft empfangen.

Entging sie nur lange genug der Schlachtung, so wird noch aus jeder Kuh eine heilige.

Der Atheist hängt sich an die Rockschöße Gottes, um die göttliche Person zu leugnen.

Aufklärung ist Aufruf zur Mündigkeit, also Entmündigung.

GOTTESKRIEGER

Die Kritik der Religion beginnt oft mit selbstgefälligem Gelächter; sie endet mit einem hilflosen Lächeln vor der Macht der Religion.

In einem Volk von Atheisten ist Religion das Opium der Gebildeten.

Die Götter, die mit der Schöpfung des Lichts beginnen, unterstellen ihre nachfolgenden Werke einer allzu harten Bedingung.

Der Mensch der Neuzeit ersehnt den Erlöser, den er tolerieren kann.

Aufklärerische Effekte sind nur von denen nicht zu fürchten, die sich auf die Idee der Aufklärung berufen.

Der Glaube, Dummheit sei Mangel des Wissens, ist der erste Schritt in die Dummheit.

Der aufklärerische Geist: eine Larve, die ohne Gesicht sein darf, weil sie an das Gesicht dessen glaubt, dem sie die Larve herunterreißt.

Diese Demut der Frommen, die alle Welt so niedrig wollen wie sich selbst, dieser Dünkel der Freidenker, die den Nächsten erheben wollen zu ihrer eigenen Höhe …

Geistigen Geschmack zeigen allein jene Ungläubigen, die einen Glauben verloren, nicht die zum Unglauben gefunden haben.

Der Prinzipienfeste endet als Mörder, der Prinzipientreue als Märtyrer.

Für manchen Hasser ist die Welt zu klein; er denkt sich einen Gott dazu, der sie ohne Liebe gemacht hat.

Der konsequente Freidenker müßte sich vom Denken nicht weniger als vom Glauben freimachen. Was er ja schließlich auch tat.

Was an organisierten Atheisten verstört, das ist vor allem, daß es keine Ungläubigen sind – man hat noch nicht von fanatischen Ungläubigen gehört!

Der kultivierte Mensch will niemals wissen, *warum* sein Nächster nicht mehr glauben kann. Der kultivierte Mensch will nicht einmal wissen, *ob* sein Nächster noch glauben kann.

Die irreligiösen wie die unphilosophischen Geister erkennt man sofort: für sie sind Leben und Tod eines Gottes von der Religion, ist Heil oder Unheil der Religion von der Kirche abhängig. Um zu den religiösen wie auch philosophischen Geistern vorzustoßen, muß man es selbst einmal gewagt haben, einem lebendigen Gott ins leuchtende, einem toten Gott ins leere Auge zu blicken. Verständlich daher, daß weder die religiös noch die philosophisch Berufenen sich freiwillig zu ihrem Dienst gemeldet hatten.

*

Gelegentlich findet man zum Atheismus durch einen Entschluß, selten durch eine Erfahrung – ein Erleiden oder Erleben der göttlichen Inexistenz. In den meisten Fällen ist Atheismus bloß die gedankliche Konsequenz aus anderen gedanklichen Konsequenzen und Gewißheiten, aus einem anderen Glauben also. Wer hätte Lust, dessen fade Selbstzufriedenheit zu erschüttern? Die Zerfallsprodukte des Atheismus sind steril, aus ihnen keimt nichts mehr – anders als die geplatzten Blasen und Beulen der religiösen Infektion. Diese kann zumindest die Einsicht hinterlassen, daß Inexistenz und Abwesenheit Gottes zweierlei sind. Die Mehrheitsreligiosität von heute jedenfalls erweckt intellektuelle Langeweile. Das liegt an ihrer gleichfalls nur noch intellektuellen – erdachten, zuweilen affektierten – Gewißheit über Gottes Existenz. Sie ist Behauptung, Pose, wie so vieles andere Mehrheitswestliche auch. Um weder am Atheismus noch am Theismus des Westens geistigen Todes zu sterben, muß man die Hypothese einer göttlichen Sterblichkeit bemühen. Man muß den toten, also rechten Glauben mit den Häresien eines Glaubens flankieren, die den sterblichen Göttern in dieser Welt oder jenem bleichen Unsterblichen außerhalb dieser Welt gelten: Eine geistliche Perspektive aufs Weltleben wirkt nur dann geistig bildend, wenn ihr das göttliche Schicksal wichtiger ist als das Schicksal des Glaubens. Das Schwanken darüber, ob der abwesende Gott in der Welt fortwese, in der er einging, oder ob er in weltloser Unsterblichkeit all dasjenige sei, was hienieden nicht zu finden und deshalb zu glauben und zu hoffen ist – dieses skeptische Schwanken hält den Geist gleichermaßen religiös und philosophisch beweglich, ästhetisch ohnehin. Man vergleiche nur einmal die Kunst-Produkte jener, die bereitwillig von den Anfechtungen ihres Glaubens erzählen, mit den Zeugnissen jener, die den guten religiösen Stil des Zweifels entwickelten! Letzteres dank der Vulgarität eines weltdurchdringenden Gottes oder einer von keiner Göttlichkeit zu durchdringenden Welt …

*

Freidenker und verwandte Fanatiker glauben, im Besitz der Wahrheit zu sein, weil nach ihren Enthüllungen alles gähnt.

Der ›kritische Rationalist‹ trägt die Vernunft vor sich her wie eine Monstranz. Unmöglich daher zu sagen, ob es *seine* Vernunft sei.

Solange es Gleichstellungsbeauftragte gibt, wird es Ungleichgestellte geben, solange es Atheisten gibt, wird es den Gott geben, dessen Dasein sie leugnen.

Streng wachen Evolutionsgläubige darüber, daß man sich nicht schlicht mit der Schöpfung des Lebens abfinde: Man soll sich zur Neugier auf seine Selbstschöpfung einfinden.

Auch für die Nichtexistenz Gottes – die keinen Theologen je überrascht haben dürfte – gibt es einen Standardbeweis. Der Atheist hingegen muß Jahr für Jahr vor der Rückkehr jenes Raumfahrers zittern, der den Alten irgendwo entdeckte.

»Mein Vater Isidore fand es merkwürdig, daß man Leute wie Morris Hillquit, den Sozialistenführer, als ›Freidenker‹ bezeichnete. Das amüsierte und verblüffte ihn. ›Er denkt frei.‹ Kostenlos, hieß das.« (Arthur Miller, *Zeitkurven. Ein Leben*)

Die Lächerlichkeit der organisierten Atheisten zeigt sich in der Wucht, mit der sie auf die kirchliche Weltgestalt des göttlichen Nichts einschlagen: auf einen Betrug, eine Anmaßung, eine leere Hülle, wie sie sagen. Statt zu begreifen, daß das Nichts sich einzig durch etwas noch Nichtigeres verhüllen kann …

Ein Anrecht auf Selbstachtung gewährt nur jene Vernunft, die schon einmal gegen sich selbst gewütet hat, in dem verzweifelten Gefühl, vielleicht eine einsame Vernunft inmitten einer vernunftlosen Welt zu sein. Die Religion beginnt mit dieser Verzweiflung, um sie im Dünkel eines Duzverhältnisses mit Gott zu beruhigen. Die niedere Vernunft der Religionskritik wiederum wütet gegen die Zeugnisse dieses Dünkels in der Welt, begreift somit nichts von ihr.

»Die frommen Männer und Frauen, die keine menschliche Macht mehr fürchten, weil sie sich unter den Schutz der göttlichen duckten – warum erinnert ihr selbstsicheres Grinsen an das von Gorillaweibchen, die sich der Obhut und den Launen eines Silberrückens unterstellten?« So ungefähr würde wohl ein evolutionärer Humanist frotzeln, dessen Geist eine Evolution zur Frivolität vergönnt war.

Ein Kampf gegen die Kirche ist eines Intellektuellen ebenso unwürdig wie das Leiden an einer Nation. Man soll sich gegen Gott auflehnen, nicht gegen seine Stellvertreter, man soll gegen die Existenz protestieren, nicht gegen ihre Institute! Vorausgesetzt, man ist ein wirklicher Intellektueller, d. h. ein Geistbestimmter, und nicht bloß der Propagandist irgendeiner Idee.

La Bruyère hatte einen zu freien Geist, um als Freigeist gelten zu wollen: ein Grandseigneur, der von oben herab und wie nebenbei das Christentum verteidigt. In seinen Porträts des Klerus legt er jedoch die Axt an den Stamm der Bourgeoischristlichkeit: Der Pfaffe erscheint hier als Vertrauter des bürgerlichen Eheweibchens, überhaupt des Weibchenhaften, des Kleinlich-Schlauen und Schlau-Verlogenen, kurz, als Vorläufer des bürgerlichen Seelenbefreiers und seiner ›Projekte‹.

Der englische Materialist leugnet den Geist, weil der kein fühlbares Ding sei, der englische Spiritist fühlt den Geist mit der flachen Hand auf hartem Holz. Im Hohn des einen und in der Hysterie des anderen findet sich freilich nichts von der Verstörtheit, die im Credo kontinentaler Positivisten zittert: Sie wollen Kirche ihres eigenen Geistes sein und müssen einander an Händen im Glauben halten.

Der Atheismus: eine Mitteilung, die keine Nachricht mehr ist. Stärkeres Interesse als die Gottesleugner dürfen die Kirchenkritiker beanspruchen, die die Angestellten schmähen, weil sie sich an den Chef nicht herantrauen … den sie vielleicht noch allzusehr fürchten oder lieben.

Was an sogenannten Freidenkern sofort auffällt, ist ihre Geistfreiheit – die Unfähigkeit, auch nur einen Witz, eine intellektuelle Parodie, gar Ironie zu verstehen. Je mehr *Aufklärung und Kritik*, desto weniger Selbstkritik, von Selbstironie zu schweigen. Keine Frage: Mit einem Gott kommt manchen Leuten auch das Gefühl für Lächerliches abhanden, diese Grund- oder Vorstufe philosophischer Intelligenz. Sie haben kein Verhältnis zu sich selbst, diese Freigeistlosen, ihre Köpfe sind wie aus einem Stück, einem Holz.

Philosophischen Rang erreichen nur die Spötter, die von Gott, nicht jene, die von der Religion oder gar nur von der Kirche enttäuscht sind.

Einen freien Geist kostet es nichts, Gott das Dasein zuzubilligen und seinen Gläubigen das Wissen um Gottes Wesen.

Es gibt eine christliche Geschwätzigkeit, welche selbst bei jenen nicht versiegt, die vom Verlust ihres Glaubens erzählen.

Zweierlei Atheisten: die einen enttäuscht durch Gottes Nichtexistenz, die anderen empört ob der Gläubigen Fortexistenz.

Um die Gottlosigkeit zum Gespött zu machen, muß man sie nur von einer Praxis zu einer Theorie erheben wollen.

NEUREICHE

Neuer Reichtum macht neue Religion.

Man hat fast alles. Jetzt muß man nur noch *Werte* haben. Dann wäre man etwas.

Kain: Urahn aller Vegetarier, voller Bruderhaß auf den, der unbefangen Blut vergießt …

Die Neugläubigen – immer haben sie die besseren Gründe auf ihrer Seite und den schlechteren Geschmack!

Mit strahlenden Augen zeigt das neureligiös erzogene Kind daheim seine schlechten Noten in den Naturwissenschaften.

Den gottlosen Städter, der sich in Wald und Feld ergeht, wandelt leicht ein pantheistisches Kribbeln an.

Mit gewissen Heilern ist es wie mit gewissen Ideen: Man nimmt seine Zuflucht zu ihnen nur, wenn man unheilbar krank oder gut bei Kasse ist.

Einfältiger als die Klage übers mißlungene Leben ist der Glaube ans gelingende, dem sie entsteigt.

Zu später Stunde beweist man religiösen Geschmack einzig noch mit ästhetischem Degout: angesichts der Untoten eines tradierten Glaubens wie angesichts der Homunculi aus der esoterischen Retorte.

Audienz in Ökopolis; die einfältigen Fragen der Gäafrommen an den wiedergeborenen Christus, danach ein Pressegespräch. »Es sind gebildete Leute«, sagt er kopfschüttelnd, »aber sie wagen nicht, selbst zu denken.« Wer geht zu einem Gott, um selbst zu denken?

Anthroposophie oder die Religion des Mittelmaßes. Ihr Genie bewies sie darin, zu ihrem Heiligen Goethe zu ernennen, dieses Genie des Mittelmaßes.

Der Pflanzenfresser: »Das Tier ist mein Freund.« Der Fleischesser: »Es gibt keine einseitige Freundschaft. Wohl aber einseitige Liebe. Und ich liebe Tiere.«

Jedesmal, wenn uns ein Lebensreformer die kosmische Ordnung erklärt, denken wir: Was muß man doch alles glauben können, um das richtige Leben führen zu dürfen!

Im Westen sind einstige Häresien zum Glauben der Massen geworden: die Religionen des Erfolgs, der Jugend, des gesunden Körpers usw. Vielleicht kostet es darum die Rechtgläubigen von einst so wenig Mühe, sich für die geistige Elite von heute zu halten.

Der Neufromme mag noch so sehr von der Bedeutungslosigkeit des Ichs schwärmen, er erträgt sie doch am leichtesten in einer bedeutungslos gewordenen Welt.

Der Kampf gegen die trüben Stimmungen, gegen das ›negative Denken‹ usw. – das ist der religiöse Eifer jener überaus ernsthaften Leute, für die ein religiöses Leben bedeutet, den Kopf frei zu haben für andere, wichtigere, kurz: die ernsthaften Dinge im Leben.

Im Esoteriker kämpft die Eifersucht auf jeden neuen Glaubensbruder mit der Eitelkeit, die eigenen Glaubensgewißheiten recht viele Ungläubige spüren zu lassen.

Die Wohlfahrtsgesellschaft ist historisch gesehen ein so bizarrer Zufall, daß die meisten das Leben in ihr nur dank plumpester Esoterik ertragen.

So neureiche wie neufromme Eltern greifen gern in den Mythos, wenn es um die Vornamen ihrer Kinder geht: Sie wollen nicht mit der Zeit, nicht mit der Mode, nicht mit dem Christentum gehen und machen aus dem Heidentum jene unchristliche Mode, worin man der Vorzeit huldigt.

Mancher meint, nach den Irrsalen einer ausgewachsenen Verständigkeit wieder zum Glauben seiner Kindheit zurückzukehren ... und kehrt doch nur bei einer Sekte kindischer Erwachsener ein.

Da er nicht Diktator des wahren Glaubens werden konnte, wandelte er sich zum Einsiedler im richtigen Leben.

Der Spiritismus ist die Religion einer Menschheit, die sich von toten Geistern nichts vormachen läßt.

Das einzige, was einen für den alten Gott einnehmen könnte, ist das Gähnen, das ihn angesichts neuerer Esoterik gewiß befallen hat.

Rudolf Steiners Frühwerk und Ernst Jüngers Spätwerk bestätigen, daß sich von Goethe nur die Langeweile imitieren läßt.

Es gibt Liebende, die in ihre eigene Liebeskraft verliebt sind, es gibt Fromme, die vor ihrer eigenen Andächtigkeit erschauern. Sich selbst spüren dürfen, eine Welt nicht mehr spüren müssen ...

Der Fluch, unter dem alle neuen Religionen stehen, ist der Fluch der Unschuld: Wie an einen Gott glauben, der noch nicht auf himmelhoch geschichtetem Märtyrergebein thront und so dem Blick der Sterblichen entzogen ist? Einige Satanisten scheinen das immerhin begriffen zu haben.

Der Mangel lehrt beten, der Überfluß läßt glauben.

GEFALLENE

Wie ist doch der Schöpfer zu bedauern, der gleich sein erstes Geschöpf sündigen ließ, so daß dessen Nachkommen nun ewig die göttliche Gnade einfordern werden!

Die Sünde ist die Nachricht des Menschen an den Schöpfer, daß Er in seiner Schöpfung nicht allein sei.

Jede Häresie beginnt mit der Suche nach dem Buchstaben einer Botschaft und endet mit dem Alleinbesitz ihres Geistes.

Die falsche Botschaft, daß die Unwissenheit der Kinder ihre Unschuld sei, kann mancher ein ganzes Leben lang nicht vergessen.

Der Gerettete begreift nicht, warum er als einziger gerettet wurde, der Gefallene begreift nicht, warum noch jemand außer ihm erlöst werden soll.

»Für alles muß bezahlt werden.« Wenn es ein Gott sagt, gähnt der Mensch, wenn es kein Gott sagt, zürnt der Mensch.

Der Puritaner rührt kein Stück Fleisch an, wenn es ihm nicht glaubhaft machen konnte, daß es sündig sei.

Kein Haß ohne Nähe: Der Feind Gottes muß dessen tatlose Allgegenwart gespürt haben.

Nichts Alberneres als die Empörung dünnlippiger, käsgesichtiger e. V.-Atheisten über die ›sinnenfeindliche‹ Kirche – als sei es das Kreuz gewesen, das diese Mitgliedsbuchbesitzer zweitausend Jahre von allen Todsünden und ihren Freuden abhielt!

Sei die Schuld auch unvergänglich, die Reue kann es nicht sein, denn sie ist kein Faktum, sondern ein Gefühl. Anders steht es mit der gefühllosen Reue, der Reue durch Entschluß. Diese gedeiht am besten ohne eigene Schuld. Wer die Schuld eines anderen bereut, büßt dadurch nicht nur ewig, er büßt auch ewig schuldlos.

Um am Bösen noch Geschmack finden zu können, müßte man es mit der gespaltenen Zunge eines Christen kosten, der von Verboten spricht und an Genüsse denkt. Doch selbst den Christen ist das Böse so fade geworden wie das tägliche Brot ... wie alles, was dem Menschen *gegeben* wird.

Der christliche Glaube, daß Religion die Moral *begründe*, ist für den Alltag der Laien. Den spekulativen Sonntag läutet der Glaube ein, daß Religion die Moral auch *begrenze*.

Der Reumütige treibt sich jahrelang in einer brüchigen Vergangenheit herum und bringt kaum einen Tag in der Gegenwart zu, in diesem Trümmerfeld.

Was man an der Empörung frommer Menschen über die Sünden unfrommer Menschen am meisten vermißt, ist ein Unterton von menschlicher Enttäuschung.

Bekenner

Ein Christ ist ein Mensch, der glaubt, daß er ein Christ sei.

Jedes Glaubensbekenntnis, das nicht gegen den eigenen Unglauben herausgeschrieen wird, läßt Ungläubige gähnen.

Weltflucht – inzwischen ein Wort ohne Sinn noch Kraft. Sind doch sogar die Wüsten überfüllt von jenen, die dort angeblich zu sich selbst fanden.

Was an bekennenden Atheisten auffällt, noch ehe sie ihren Glauben hergesagt haben, ist die gottesjämmerlich stolze Miene, die er ihnen verleiht.

Wie würde die letzte Beichte eines Zeitgenossen lauten? Wahrscheinlich: »Ich habe mich nie ganz aussprechen können.«

Die Aufdringlichkeit eines Bekenners erträgt man eingedenk dessen, daß er seit einer Stunde die Wahrheit kennt.

Die Erbärmlichkeit einer frommen Seele umfaßt zweierlei: was sie verkündet und was sie verbirgt.

Die Verdrossenheit des Skeptikers dürfte weniger vom Schweigen Gottes als von der Geschwätzigkeit seiner Gläubigen rühren. Für den Gläubigen ist die frohe Botschaft der Weg, für den Skeptiker ein Umweg zu Gott.

Die unerbetenen Bekenntnisse des Zeitgenossen informieren ebenso gründlich über seinen Papstkult wie über seinen Pornokonsum: Wo ein Gott gestorben ist, zeigt sich die ganze spirituelle und sexuelle Dürftigkeit seines Geschöpfs.

In Deutschland sah der Atheist stets dem eifernden Dorfschullehrer, in Frankreich dem blasierten Salonbesucher ähnlich. So zeigt sich der eine als Nachfolger der protestantischen Verkrampfung, der andere als Nachfolger der katholischen Frivolität. Die Schule der Gesinnung, die Praxis des Zynismus …

Echte Indifferenz in Glaubenssachen sieht man selten, denn anders als geheuchelte drängt sie nicht zum Bekenntnis. Nachdem Gregor IX. den großen Staufer beschuldigt hatte, Verfasser des blasphemischen *De tribus impostoribus* zu sein, sollte es noch sechs Jahrhunderte dauern, bis sich jemand herabließ, das indizierte Buch zu schreiben.

Die wahre *ecclesia abscondita* – das wäre jene, die nicht nur dem menschlichen, sondern auch dem göttlichen Blick verborgen bliebe.

Der Drang, über den Glauben der anderen zu sprechen, entsteht in einer ahnungslosen, der Drang, über den eigenen Glauben zu sprechen, in einer anmaßenden Seele.

Sinn jeder Konfession: ihren Stifter vergessen machen.

*

Man beginnt zu denken, wenn man nicht anders kann, man beginnt zu glauben, wenn man muß. Ein Denken und ein Glaube, die ihre Namen verdienen, sehen sich einem Übermächtigen ausgesetzt, das sie in die Wahl zwingt: ihm unter Aufgabe eigenen Wesens anzugehören oder das eigene Wesen zu behaupten um den Preis des Daseinsverlustes. Die Macht, die eine solche Wahl erzwingt, mag ihrerseits den daseinsbedrohenden Eigensinn des Glaubens oder des Denkens *krank* nennen. Das beweist aber nur, daß nichts weniger freiwillig ist als geistige Gesundheit. Im Gegenteil, bangen muß man für die geistige Gesundheit desjenigen, der sie sich selbst zuspricht, ganz gleich, ob er es in intellektueller oder in spiritueller Hinsicht tut. Der kranke Denker, der kranke Gläubige, das ist jeweils der Mensch, der von Gnaden einer Macht lebt, die ihm erlaubt, auf seine geistige Gesundheit stolz zu sein. Nichts jedoch ist krankhafter als eine Gesundheit, derer man sich rühmt. Den dümmlichen Hochmut einer Geistesgesundheit, die von sich Worte macht, pflegen die Komödianten des ›Frei‹denkens und der ›Neu‹frömmigkeit gleichermaßen. Wer auf seine Vernunft oder seine Tugend stolz ist, der zeigt eben damit, daß er selbst noch etwas anderes ist als Vernunft und Tugend, sehr viel, ja unendlich viel anderes: jenes dumme, unwählbare Sein, das weder durch die Tugend noch die Vernunft seiner Teilhaber zu gefährden ist.

*

Mindestens einmal im Leben sollte man das Bekenntnis gewechselt haben, nur um zu wissen, woran man wieder glauben kann.

Lächerlicher Stolz auf den eigenen Glauben – lächerlicher Stolz darauf, sich gerade vor ›seinem‹ Herrn zu fürchten!

Viele Jahre lang suchte dieser Sünder herauszufinden, wer er ist; er wurde darüber zum Heiligen. Wenige Stunden blieben dem Heiligen, um der Welt sein Wissen mitzuteilen.

Die Dekadenz eines Glaubens hat begonnen, wenn man von ihm durch Bekenntnisse erfährt statt durch Verkündigungen.

Nur eine Antwort auf das unerfragte Bekenntnis: Schweigen. Es kann auch das Schweigen eines Jahrhunderts sein.

GEBET

Nichts bestärkt so sehr in dem Gefühl, mit einem Gott zu sprechen, wie das Ausbleiben von Antwort.

Mit Recht käme sich ein Heutiger albern vor, wenn er für *sich* beten müßte.

Gebete machen die Ewigkeit von Gottes Schweigen hörbar.

Sobald einer weiß, daß seine Klage niemanden erreichen wird, beginnt er sich selbst anzuklagen oder denjenigen, der jenseits alles Kläglichen existiert.

Was immer die Sprache Gottes gewesen sein mag, bevor er für immer verstummte – es war gewiß nicht die Sprache, in der sich die Betenden an ihn wenden.

Beten: sich für so einsam halten, daß einem nur noch ein anderer Einsamer helfen kann.

Entweder man ist ein Gott oder der Herr dieser Welt, entweder man ist einer, den die Menschen anrufen, oder man ist jener, mit dem sie rechnen ...

Man kann vom Teufel sagen, was man will, er wird einen doch niemals so enttäuschen wie sein großer Widersacher.

Nach jedem Gebet ist der Gläubige gestärkt und die Gottheit geschwächt.

Es mag sein, daß Flüche häufiger erhört werden als Gebete: Sie haben verschiedene Adressaten.

Nur über einen Gott, der einem stets zu Hilfe geeilt ist, kann man fromme Illusionen hegen.

Hinter dem Betenden kniet die Welt, die Gott geschaffen hat.

An einen Gott des Erbarmens nur glauben können, wenn seine Priester für ihn zu beten wagten ...

Der Drang, den Allerhöchsten anzurufen, kommt aus jener Not, in der man sich an den Erstbesten wendet.

Wie sollen jene die einsame Wahrheit des Gebetes begreifen, die von klein auf dressiert sind, die Gottheit im Rudel anzuheulen?

»... und segne, was du uns bescheret hast«: Kein Gebet, in dem nicht der Hochmut des begünstigten Geschöpfes himmelwärts züngelte!

Göttlichen Beistands bedarf der Ehrgeizige mehr als der Eitle, dem es genügt, daß Gott gut von ihm denkt.

Manche Fragen lassen keine Antwort mehr zu, wenn sie erst einmal gestellt sind. So die Frage, die in jedem Gebet mitschwingt: Warum solltest du mir helfen?

Beim Gespräch mit Gott hängt alles davon ab, wer es begonnen hat.

Die fromme Unverschämtheit: Je mehr einem Gläubigen von oben bereits gewährt worden ist, desto weniger wird er bei seinen Fürbitten ins Stottern verfallen.

Alles, was du bekennst, kann gegen dich verwendet werden: Man beachtet das beim Gespräch mit einem vertrauten Menschen und vergißt es beim Gebet zu einem unbekannten Gott.

Weit mehr denn als Vater erscheint Gott im Verhältnis zum Menschen als *Chef* – als einer, der den Menschen abhängig gemacht hat, der den Menschen zumeist mißachtet und der vom Menschen doch immer wieder um Arbeit angegangen wird.

Statt in Atheisten und Theisten, in Gnostiker und Agnostiker sollte man die Menschen danach unterteilen, ob sie mit Gott *rechnen*: Die Rechner sind die Konfessionellen, die anderen die Religiösen.

In der Stunde der Not sich an den zu wenden, der alle Nöte zuläßt, ist einzig als Akt der Buße plausibel: Man bittet seinen Verfolger um Verzeihung dafür, daß man nicht an ihn dachte, als er einen noch nicht zu verfolgen geruhte.

Jahrtausende stets nur hören zu müssen, ohne jemals handeln zu können: Millionen vergeblicher Gebete lassen diesen Gott immer mehr einem Sterbenden ähnlich sehen – mit seinen riesigen Ohren und dem schrumpfenden Antlitz …

Allein im Christentum erscheint der Glaube als eine Leistung und daher als Verdienst: Der Gläubige meint Gott vor drohender Inexistenz bewahrt zu haben und legt in Gebeten die entsprechende Impertinenz an den Tag.

Noch im tiefsten Unglück gehen wir am Gotteshaus vorüber, ohne auch nur die Möglichkeit eines Gebets zu erwägen. Wozu Gott mit einem Kummer behelligen, den nicht einmal seine Priester begreifen?

*

George Bushs Gebet vor Bombardierungsbefehlen sei »nicht Nihilismus, sondern Hoffnung auf Sinn unter erschwerten Bedingungen« (Karl Heinz Bohrer, 1991). Wenn Bielefeld nicht von Kriegen schwärmt, schwadroniert es von Gott.

Die frommen Fanatiker, die ihrem Nächsten eine rechte Not an den Hals wünschen, damit er ›wieder beten lerne‹, vergessen eines: Gott erhört nicht die Gebete von solchen, die sich nur in der Not an ihn erinnern.

Ein Künstler sollte sich nicht wiederholen, ein Frommer von seinem Gott nicht zweimal dasselbe erbitten.

Der Fromme hält sein Glück nur dann für erlaubt, wenn er es durch ein Dankgebet schlechtgeredet hat.

Zitternde Ahnung in des Flehenden Seele, daß seine Erbärmlichkeit kein Erbarmen verdiene …

Wer betet, denkt am Ende, daß er glaubt.

Die Eile des Dankens ist die Rache des Beschenkten.

Wenn man sich von allen Menschen verlassen fühlt, dann wird man zu einem Gott beten müssen, der das gleiche von sich behaupten kann.

*

Die Gnosis kennt den diskreten, ja verlegenen Gott. Diesem Gott ist die Schöpfung eher unterlaufen, wenn nicht gar mißglückt, so daß er sich unmöglich dazu bekennen kann. Der verlegene Gott bringt in seiner Unsichtbarkeit und seinem Schweigen zuletzt auch seine Priester in Verlegenheit, welche einst den Andrang leidender Menschen abzuwehren hatten. Beinahe wehmütig erinnern sich die Gottesdiener an jene Zeit, da die Gläubigen ihre Gottverlassenheit nicht wahrhaben wollten und sie durch Wehklagen und Gebete noch verstärkten. Wer klagt, verhilft einem Gott zur Existenz, verwirkt aber das Recht auf göttliche Erscheinung und Hilfe. Indem der Leidende durch die Klage sein Recht wahrnimmt, gesteht er ja – jetzt nur noch machtlos, hilflos, Geschöpf – einem Schöpfer alle Macht und alles Recht zu, auch das Recht zur Verborgenheit. Je weniger jedoch ein Leidender zu Klage und Anklage neigt, desto mehr wird er auf souveräne Weise beklagenswert. Ob es einen Schöpfer der Welt und damit auch einen Verantwortlichen für sein Leid gebe, muß ihn nicht mehr bekümmern. Seine Gebete dürfen gedankenlos sein. Er ahnt, daß ein tatloser Schöpfer gerade dadurch tätig ist, daß er keine Gebete erhört, denn offensichtlich ist er vollauf damit beschäftigt, in dem Betenden selbst zu leiden. Der gedankenlos betende, wortlos leidende Mensch, ein Souverän seiner Kläglichkeit, darf an einen Schöpferselbstmord in der Weltschöpfung glauben und in jedem Geschöpf den sterbenden Gott sehen. Eine letzte, fromme Scheu hält ihn vielleicht ab, das stumme Gottessterben im eigenen Leben zu beklagen.

GEBOT

Je fester der Glaube, desto loser die Sitten gegen Ungläubige.

Die moralisch Fühlenden fallen öfter lästig als die logisch Denkenden, denn es gibt mehr verdorbene Geister als verdorbene Seelen.

Nur eine zähflüssige Seele sichert dem Leben seine moralische Kohärenz.

Empörtheit trifft man niemals beim Leidenden an, sondern immer nur beim Stellvertreter des Leidenden.

Demut ist Unverwundbarkeit und häufig auch Unverfrorenheit.

Der Mensch, der die Ungesundheit der Laster erkannte, ist der Mensch, der keinen Teufel mehr kümmert.

Von manchen Gottheiten weiß man einzig, daß man sie lieben soll, von anderen, daß man sie nicht beleidigen darf.

»Wahre Sittlichkeit nur aus Religion!« – »Wahre Religiosität nur gegen die Sitte!« Der ewige Katholik und der ewige Katharer …

Heilige Schriften sind derart vollgestopft mit Verboten, daß der Laie nicht umhin kann, in einer schriftlosen Welt das Paradies zu erblicken.

Feindschaften bedürfen einer besonderen Fürsorge. Das Gebot, auch dem Widersacher Gutes zu tun, ist wenig barmherzig: Man zerstört nicht allein eine Feindschaft, man zerstört vielleicht eine Existenz.

Wo der Mensch geheiligt wird, ist sein Nächster profaniert.

Für den glaubenslosen Wohltäter ist es ein Argument gegen den Glauben, daß die Wohltätigkeit einiger Leute nicht länger währt als ihre Gläubigkeit.

Man sollte nur das lieben, wogegen man sich nicht verteidigen kann.

Kein Glaube ist so geheimnisvoll wie der Mensch, der den Glauben nicht hat und dennoch seine Gebote befolgt.

GEWISSEN

Der Glaube gibt das gute Gewissen, mit dem man die Normen des Guten, des Wahren und des Schönen verletzt, oder er macht ein schlechtes Gewissen, daß man ihnen einst folgte.

»Wer ohne Schuld ist, der werfe ...« Den ersten Stein wollen weder Gläubiger noch Zweifler werfen, dieser freilich auch nicht den zweiten.

Fromme Bescheidenheit, Bescheidenheit des Frommen: Um seine Wünsche akzeptieren zu können, muß er sie für die Wünsche eines Gottes halten.

Wo die Täter ein gutes Gewissen haben, brauchen die Opfer ein gutes Gedächtnis.

Spirituellen Gewinn wirft die Reue nur dort ab, wo sie den Platz der Buße einnahm.

Das Gewissen spricht am liebsten dann, wenn es keine Widerworte fürchten muß.

Aufrichtige Skepsis ist vielleicht noch seltener als aufrichtige Frömmigkeit.

Am genauesten erinnert man sich der Frevel, die man nicht zu begehen wagte.

Echten Gefühlsmenschen steht jedes Gefühl zur Verfügung.

Gutes Gewissen: der Dünkel der Demut.

Wer versucht, anderen gegenüber aufrichtig zu sein, ehe er es gegenüber sich selbst war, spielt Komödie oder verliert das Gesicht.

Demut

Kleine Schwäche der Leute, die gelernt haben, die Welt nicht mehr wichtig zu nehmen: sie fangen an, sich selbst wichtig zu nehmen.

Religiöse Morgentoilette: ein erstaunter und beschämter Blick in den Spiegel. Womit hat sich *der da* einen weiteren Tag verdient?

Der größte Hochmut wohnt bei den ganz Kleinen, denen ganz unten, etwa jener ›Kirche von unten‹, die glaubt, man könne ganz Christ sein und ganz Mensch bleiben.

Wer sich tief duckt, wird nicht mit ansehen müssen, wie wer sich frech erhebt.

Der Wiedergeborene fühlt sich erst dann richtig am Leben, wenn er alle anderen ins falsche verstrickt sieht.

Glaube ist Ergebung, nicht Hingabe.

Wenn das höhere Geschöpf sich zum niederen herabbeugt, glaubt dieses gern, das höhere habe sich vor ihm verbeugt.

Es ist unmöglich, in Demut sein Leben zu beginnen und es nicht im Hochmut zu beschließen.

Der fromme Mensch ist sich selbst der Fernste, das fromme Volk ist sich selbst das Nächste.

Der Teufel duldet die Reformation, wenn sie ihm eine effektivere Hölle verspricht.

In einem atheistischen Universum lernt man Demut allein an der Trägheit der Dinge.

Sich kleiner machen ist seelische, sich kleiner zeigen soziale Tugend.

Der Religionsspötter verweist auf die Mitleidlosigkeit, den Hochmut, das selbstzufriedene Wesen der Gläubigen. Er vergißt, daß sie nach dem Bild ihres Gottes geschaffen sind.

Die Politik, die Künste, Wissenschaften – sie alle machen durch Konkurrenz den Menschen bescheiden. Nur die Religion vermag das nicht. Wie sollte man auch glauben können, daß jemand *besser* glaube als man selbst?

Der Hochmut, den ein zu Buddha, Laotse oder Konfuzius erweckter Europäer gegenüber dem Christentum empfinden lernt, macht ihn zum idealen Lehrobjekt von dessen geistlichen Kuren.

Glauben ist mit dem Glück unverträglich, solange es kein Dienen ist. Fühlt sich der Gläubige als Diener eines Gottes, seiner Beauftragten oder Verkünder, dann zerfließt ihm vor Glück fast das Gesicht – das eben noch die Jahrtausendvisage des Knechtes zeigte.

*

Wo ist der Hochmut größer: im frommen Vertrauen, daß es für alles eine Erklärung gibt, oder im wissenschaftlichen Streben, sie zu besitzen?

Der moralische Bekenntniseifer dieser ›evolutionären Humanisten‹ ... als wollten sie beweisen, daß sie die wahren Christen seien!

Der gläubige Westler schwärmt von seinen ›Werten‹, dann seufzt er über seine Lage. Und der gottlose Ostler schiebt ihm still ein Almosen herüber.

Religiosität beginnt erst dort, wo Moralität nichts mehr gilt – daher der Dünkel und die Demut aller wahrhaft Frommen.

Erst der vollkommen einsame Mensch verliert gegenüber Gott seine anmaßende Unterwürfigkeit.

Demut macht das Sterben leicht und das Leben gewichtlos.

Der Fromme verbündet sich mit Gott gegen die Welt: Das Nichts, gefüllt durch das Ein-und-Alles, weiß sich dem Etwas überlegen, das in seiner Verworfenheit länger zu dauern wagt als die fromme Seele.

Niemand kann vor Gott und Mensch zugleich demütig sein.

Beim frommen Menschen erblickt man zuerst die Frömmigkeit, dann den Menschen.

Der Hochmut der Gerechten wird nur übertroffen vom Hochmut derer, die für die Gerechtigkeit leiden durften.

EIFER

Wenn das Christentum sich als geschichtskräftigster Glaube erwiesen hat, dann gewiß deswegen, weil kein anderer Glaube so viele Kräfte freisetzen konnte, die seiner Dogmen spotten: Man mußte kein Christ sein, um als Christ Geschichte zu machen.

Probe der Frömmigkeit: Gottes Feinde lieben.

Gläubigkeit ist nicht Fanatismus. Gläubigkeit erfordert ein Minimum an Offenheit – für Erfahrungen, Verkündigungen, überhaupt Neuigkeiten höherer Art. Der Fanatiker ist der Verschlossene par excellence, er ist der Mensch, der *beschlossen* hat, zu glauben.

»Ich bin ein eifriger Gott.« Leider das einzige, was seine Gläubigen ihm nachtun konnten!

Das Unbezweifelbare an Halbgöttern ist ihre Unmenschlichkeit.

Christen und Humanisten, Nationale und Soziale und was es sonst noch gibt an Weltkorrektoren – sie alle berufen sich, wenn die Korrektur als Fehlschlag endete, auf die Reinheit ihrer Idee. Nur der Materialist will keiner reinen Idee huldigen, und eben deshalb konnten fromme Ideologen ihn stets mit Leib und Leben für seine Bescheidenheit büßen lassen.

Leichter erträgt man den Haß eines Frommen gegen alles, was nicht seinesgleichen ist, als jenes nachsichtige Wohlwollen gegen alles, von dem er nicht weiß, ob es ihm gleicht.

Der Fanatiker ist ein Völler, der sich nach dem Besitz von Macht verzehrt, er ist der Machtlose schlechthin.

Christentum ist Fanatismus. Was Küng, Käßmann & Konsorten anpreisen, ist lauwarmer Fanatismus. Und es ist dumm oder eitel, die eigene Aufgeklärtheit vor den Idiotien eines Dogmas leuchten zu lassen.

Der deutsche Katholizismus hat niemals einen Montaigne hervorbringen oder auch nur ertragen können wie der französische. Das sagt eigentlich alles über Deutschland oder wenigstens über den Katholizismus.

»Seelfresser und Seelenmörder« mit »eingeteufelt, durchteufelt, überteufelt, lästerlich Herz und Lügenmaul« nannte Luther die reformierte Konkurrenz (*Kurtz bekentnis vom heiligen Sacrament,* Wittemberg 1544). Dem großen Kehraus verwandeln sich zuletzt selbst noch die Besen zu Dreck – zumindest die Besen, die er nicht selbst führen darf.

Ein Glaube, der etwas von sich hermachen will, muß entweder den Verfolger oder den Verfolgten spielen oder, wenn das nicht geht, doch den Eindruck erwecken, das Ende des Verfolgungsspiels sei einzig sein Verdienst.

Der Katholik Hitler war zuletzt enttäuscht von dem Volk, das für ihn tötete und starb. Hätte es einen nicht führer-, sondern papsttreuen Fanatismus gezeigt wie in längst verflossenen Jahrhunderten – vielleicht wäre da das Schlußwort im Bunker anders ausgefallen.

Das Christentum von heute: eine Bestie, die weder leben noch sterben kann, ein zahnloser Wolf, der sich von den Mächten der Welt nicht ernstgenommen fühlt und den Zeiten hinterherwinselt, als er noch gejagt wurde – als er den Herden noch gefährlich war.

Überlebte Europa das Christentum? Oder überdauert das Christentum Europa?

Eher als das Hohngelächter des Atheisten läßt das Brauenheben des Skeptikers den Frömmler in Wutkrämpfe verfallen.

Man denke an das Grauen der Paradiese, welche fast jeder Glaube verspricht, und man wird die Verbrechen der Kirche weniger schrecklich finden!

In der christlichen Botschaft, zu schweigen von ihren Botschaftern, ist soviel verborgenes Gift, daß man schon ein Christus sein müßte, um nicht innerlich dran zu verbrennen.

Der Verfasser des Johannesevangeliums hat vorgemacht, wie man eine fremde Rasse zugleich erschafft und verflucht: es ist jene, in deren Adern nicht das Blut des eigenen Glaubens kreist.

Wenn ein gottloser Herrscher die Kinder Gottes benachteiligt oder verfolgt, dann heulen diese auf wie über die Usurpation eines Vorrechts.

Der freie Geist ist niemals Atheist, denn er macht seine Freiheit nicht von der Nebenfrage abhängig, ob es einen Gott gebe oder nicht.

Unter einem Wahn leiden am wenigsten jene, die von ihm befallen sind. Darin zumindest unterscheiden sich religiöser und pseudoreligiöser Wahn nicht von den übrigen Verirrungen.

Der beredsame Prediger verzaubert seine Gemeinde, der begeisterte Prediger verzaubert sich selbst.

Die Scheiterhaufen, die Luthers Kirche den Calvinisten und ›Kryptocalvinisten‹ anzündete, konnten lodern, so hell sie wollten – nie erreichten sie die Leuchtkraft einer katholischen Ketzerverbrennung.

Zank zweier Glaubensbestallter: »Die Märtyrer meines Glaubens starben vor Jahrhunderten, nicht erst vor Jahrzehnten, wie die Märtyrer deines Glaubens!« – »Die Märtyrer meines Glaubens wurden so viele Jahrhunderte nach den Märtyrern deines Glaubens geboren, daß sie ihr Leben kaum der Toleranz deines Glaubens verdanken dürften.«

Der Reaktionär, scharfsichtig für alle Lauwarmen des Fanatismus, ist doch blind für seinen eigenen Glaubensgrund. Er will die Kirche schrecklich, damit sein Gott durch sie wieder ehrwürdig scheine und ehrfurchtgebietend. Doch den Schrecken, der Götter zum Leben erweckt, muß ein Mensch schon in sich tragen, wenn er eine Kirche stiftet: Der am Schrecklichen reiche Mensch hat stets großzügig eine ganze Glaubenswelt von seinem *terror* leben lassen.

Unter dem Atheisten steht geistig nur noch der Christ, der sich durch Polemik gegen den Atheismus über ihn erheben will.

Die inquisitorische Strenge eines Häretikers läßt auch den trägsten Inquisitor der Orthodoxie aufhorchen.

Nichts fällt dem Skeptiker leichter als Toleranz gegenüber dem gerade amtierenden Aberglauben.

Für die schwachen Geister ist der Wunsch zu verdammen oft der einzige Weg zur Präzision.

Sei sie Laster oder Tugend – die Nachsicht bleibt in jedem Fall etwas, das Nachsicht verdient.

Der Besitz der Wahrheit ist nicht vereinbar mit dem Besitz guter Manieren.

WISSEN

Mancher wird gläubig, weil es ihm an Demut fehlte, gelehrt zu sein, und der Entschluß, ein Narr auf eigene Faust zu werden, steht oft am Beginn einer religiösen Karriere.

In die Fremde zu gehen, um bei einem Meister zu lernen, statt im Alltäglichen zu verbleiben und sich vom Heiligen heimsuchen zu lassen – das war für den professionellen Glaubensverwalter stets die Formel des Frevels.

Dem Aufgeklärten erspart es der Glaube an einen Gott, sich selbst für einen Gott halten zu müssen.

Irrtum ist menschlich, Irrsinn göttlich.

Credo ut intelligam, intelligo ut credam: Der Glaube kann einer *vita contemplativa* nur der Aperitif oder der Digestif sein.

Der Gläubige, der dem Ungläubigen nicht dünkelhaft erscheint, ist frivol.

Die Dummheit weiß Bescheid, und die Einfalt glaubt der Dummheit.

Gott stirbt an der Toleranz und der Teufel an der Gelehrigkeit des Menschen.

Der Verräter weiß besser um den Wert des Verratenen als der Verleugner um den Wert des Verleugneten: Judas erhielt seinen Lohn, Petrus mußte sich mit einem Vorschuß begnügen.

Der gezwungenermaßen freie Geist hat stets mehr vom Menschen begriffen als der professionelle Glaubensmann, der durchschnittliche Gläubige hat mehr von der Welt begriffen als der durchschnittliche Freigeist.

Der Glaube, daß kein Gott sei, ist um keinen Deut subtiler als der Glaube, daß ein Gott sei, auch wo letzterer Glaube sich bescheiden ein Wissen nennt.

Weil er nur einen Gedanken hat, hält der Atheist sich für einen Denker.

Gottesgelehrter wird man, indem man die Werke des Heiligen Thomas und nicht, indem man Gottes Werke studiert.

Die Frommen heutiger Tage sind die Leser, die sich ungefragt zu ihren Lektüren bekennen. Man wird sie also über die heidnischen und die häretischen Autoren gebeugt sehen, über die Vorgeschichte und die Seitenwege einer erstarrten Bewegung. ›Fromm‹ ist vielleicht zuviel gesagt: Religiöse nennen sie sich selbst, religiös Interessierte sollte man sie nennen – falls heute Religion noch anderes sein kann denn eine Sache für Interessenten.

Eine religiöse *und* philosophische Erfahrung macht nicht der Zweifler an seinem Glauben, sondern der fest in ihm stehende Gläubige, der sich plötzlich fragen muß: Ist das wirklich ein Glaube? eine Religion? eine Wahrheit? Oder nur eine Gewohnheit? eine Unsitte? ein Dünkel? Am klügsten und frömmsten waren stets die Christen, die ihr Christentum für eine unbegründbare Angewohnheit hielten.

Der späte Schelling mit seinen Offenbarungen, die ihm beim Nachmittagstee mit dem Allerhöchsten zuteil wurden, wirkt bloß vorlaut. Spinozas Anspruch hingegen, etwas von Gott zu wissen, das nicht in Seinem Buche steht, erscheint vermessen – noch heute ist in der Spekulation über die göttliche ›Substanz‹ und erst recht im ihr gewidmeten Leben eine Kühnheit spürbar, die schaudern läßt. Ein geistiger Rassenriecher wie Ortega y Gasset sah in Spinozas Denken etwas *Uneuropäisches* am Werke.

Die Religion beantwortet all jene Fragen, die nur ein Narr zu stellen wagt: Soll man weiter leben, muß man Leben zeugen, darf man Lebendiges töten usw. Kein Wunder, daß ihre Antworten dem Verständigen närrisch klingen.

Ein frommer Bericht von der Weltentstehung gleicht nach drei Jahrtausenden, eine wissenschaftliche Theorie von der Weltentstehung nach drei Jahrzehnten einem *comic strip*.

Im Abendland ist durch Jesus die Religion zu einer Frage des Glaubens geworden und so auf jene schiefe Bahn geraten, an deren unterem Ende sich die Abfälle des Wissens häufen.

Die Menschen, die Himmel *und* Erde gesehen haben, sind jene, die zwischen ihnen eine Grenze zogen.

Ein Gott im Himmel handelt nicht anders als ein Weiser auf Erden: Er enttäuscht nur jene, die an ihn glauben.

Glauben oder: nicht wissen, was man denkt.

DOGMA

Mit einem Glaubensbeweis verhält es sich wie mit einem Kompliment: beide sind nur dann etwas wert, wenn sie der Logik oder dem Augenschein hohnsprechen.

Noch nie ward ein Kandidat der Theologie mit der Begründung abgewiesen, sein Professor sei im Moment stark beschäftigt: er bete.

In der Geschichte jeden Glaubens, der zur Kirche wurde, unterlag der einäugige Fanatiker dem einsichtigen Betrüger.

Der Dünkel des Wissenden, wenn einer weniger weiß, der Dünkel des Glaubenden, wenn einer anders glaubt …

Durch Religion verschwindet das, was religiös macht: die Empfänglichkeit für ein unbekanntes Etwas. Schon wer dieses ein Du nennt, dogmatisiert.

Es ist das Vorrecht der Phantasielosen, die ihnen geheimnislos erscheinende Welt mit allerlei aufgelesenen Phantasmen zu bevölkern: Wiedergeburt, Auserwähltheit, Unsterblichkeit.

Bereits an dem Eifer des Naiven, der in Welt und Leben ›den Sinn‹ sucht, bemerkt man reichlich von dem Dünkel des Naiven, der ›den Sinn‹ dann endlich gefunden glaubt.

Man müßte Gottes Wesen schon recht genau kennen, um ihm guten Gewissens die Existenz absprechen zu können wie der erstbeste Atheist.

Die christlichen Dogmen wirken absurd, wenn man sie von Gottes Standpunkt aus begreifen will, und plausibel, wenn man den Standpunkt des Gläubigen einnimmt. Kurz: Christentum ist ein Denken von unten nach oben.

Nichtkatholiken verstehen das Dogma der unbefleckten Empfängnis oft falsch: daß Jesus ohne Geschlechtsakt gezeugt wurde. Doch ehrt sie dieses Mißverständnis. Die Ehrlosen glauben, man könne zeugen wie alle Welt und doch ohne Sünde sein.

Für die Genügsamen: den Monotheismus oder den Atheismus. Für die Allesfresser: den Pantheismus. Für die Kantinenesser: den Panentheismus. Für die Magersüchtigen: den Deismus. Für die Feinschmecker: den Polytheismus. Für die Hungerkünstler: die Gnosis.

Bei niemandem erträgt man Hochmut schwerer als bei Medizinern oder bei denen, die ihnen gleichen sollten – bei Metaphysikern, bei Theologen.

In allem einen Sinn zu finden, ist der Ehrgeiz des Gläubigen, allem den Sinn zu bestreiten die Eitelkeit des Gottlosen.

Für seine Überzeugungen würde sich der Fanatiker sogar mit der Wahrheit einlassen.

Orthodoxien machen die Rechte, Häresien die Linke berechenbar.

›Das Paradox‹: ein Gentlemanwort für höheren Blödsinn.

Heilige Jungfrauen flößen Vertrauen zum Leben, heilige Väter Vertrauen zum Tode ein.

Glauben heißt, keine Einwände zu haben. Zum Beispiel deshalb, weil der Glaube selbst sie in wünschenswertem Umfang enthält.

Das Dogma wollte ein Ärgernis sein, war irgendwann nur noch lästig und am Ende langweilig.

KATHOLISCH

In einer schlagkräftigen Theologie bildet der Aberglaube die Vorhut und eine frivole Vernunft die Hauptstreitmacht.

Die Frigiden müssen eine Jungfrau zur heiligen erklärt haben, um sich an ihrer Gestalt erregen zu können.

Das Niederträchtige kommt in die Welt und verläßt sie nicht mehr. Wenn auch nicht ungeboren, scheint es doch unsterblich.

Es fällt leichter, in einem Papst den Stellvertreter Gottes zu erblicken als den Nachfolger Christi.

Die ewige Tat des Katholizismus: Sein Hochmut erspart einer Seele die Mühen des Stolzes. Und was ohne Stolz ist, das ist von Dauer – wie die Catholica selbst.

Oder ist die Catholica nur die jüngste aller Sekten, entstanden als Stachelheben gegen den gereinigten Jahrtausendleib?

Jedes alleinseligmachende Dogma ist ein Bündel aus weltlichen Willkürentscheidungen, das den Glauben an die höhere Hand erleichtert, die das Disparate zusammenhält.

Dem Verehrer der Maria werden vorm Glück einer göttlichen Befruchtung die Wangen heiß. Sie erbleichen ihm vorm Glück des Odysseus, des Menschen, der in seiner Not auch mit Göttinnen schlief.

So wie der Christ dem Juden grollt ob dessen Erstgeburtsrechts am Eingottglauben, so grollt der Ultramontane dem Homosexuellen ob dessen unbefangener Lust an Männern in Langröcken: Der faule Apfel empört sich gegen den Stamm, von dem er doch nicht fallen kann.

Glücklich die Bekenner eines Glaubens, dessen Institutionen derart kompliziert sind, daß sie den Seelen der Gläubigen alle Komplikationen ersparen können.

Der einzig angemessene Platz eines dogmatisch verhärteten Skeptikers ist die Kurie eines skeptisch gewordenen Dogmatikers.

Der Kommunismus schreibt vor, wie man denken, der Katholizismus, wie man glauben, der Kapitalismus, wie man leben soll.

Ein Papst, der einem Flugzeug entsteigt, hat dadurch seine Botschaft schon diskreditiert, wie sie auch lauten möge; ein Papst, der sich in einem fahrbaren Glaskasten dem gaffenden Volk zeigt, hat sich in eine automobile Reliquie verwandelt.

Ein Kardinal des 21. Jahrhunderts, der nach den üblichen Päderastieberichten von ›Verfolgung‹ winselt und von ›Pogromstimmung‹ – wie von einem der Kirche entwendeten Exklusivrecht …

Der Protestantismus ein Übergang zum Atheismus? Ebensogut könnte man den Glauben an nur einen Gott den Übergang zum Glauben an gar keinen Gott nennen.

Ein Yankee, der von der Weltordnung, ein Katholik, der von der Heilsordnung tönt: zweimal das Donnergrollen einer Provinz, die nur als Universum existieren kann.

Linksgläubig: Jeder Mensch ist Christ und soll es wissen. Rechtsgläubig: Christ ist allein, wer zu uns gehört, und das sollte alle Welt wissen.

Je gefestigter der Glaube, desto tolerabler die Verkommenheit dessen, der ihn predigt.

Was die Inquisition zum Urbild aller katholischen Folklore macht, ist die Faszination durch den unberührten Körper – den Körper vor der Folter.

»Als erstes nahm der neue Papst ein Bad in der Menge« – im Schaum ihrer Frömmigkeit vermutlich.

Das Künstliche des Katholizismus rührt von seinem Status als Rest-Religion: Rechtgläubigkeit ist, was übrigbleibt, wenn alle Häresien ausgemerzt sind.

Allzu lange frönte die Kirche dem frommen Ehrgeiz, ihrem himmlischen Diktator auch jene Unfrommen auszuliefern, denen kirchenfromme Diktatoren vergeblich nachstellten.

Der Ungetaufte wird niemals verstehen, wie man Katholik sein und zugleich an den Galiläer glauben kann.

UNKATHOLISCH

Jeden Katholizismus ereilt seine Reformation, jedem Bescheidwisser folgen unzählige Besserwisser.

Der evangelische Glaube erfüllt sich emotional: in der Heuchelei der Gesinnung, der katholische rational: im Zynismus der Institution.

In ihren begnadeten Zeiten war die deutsche Frömmigkeit mystisch – mit gleicher Nähe zur Skepsis, zum Atheismus und zur Katholizität.

Der Kunst hat ihre Knechtung durch den Katholizismus wenig geschadet. Die Philosophie wurde durch die Toleranz des Protestantismus ruiniert.

Diese Trotzköpfigkeit in einem jeden Schisma … Das Nein ist das Ja des kleinen Mannes – um wieviel mehr des kleinen Geistes!

Die Masse ist indifferent, einzelne sind verzweifelt. Eine lautstarke Minderheit aber quält die einen wie die anderen mit der Ahnungslosigkeit ihrer Gewißheiten.

Die intellektuell Aufrichtigen haben immer gesehen, daß echte Frömmigkeit einer Beleidigung von Vernunft, Moralität und Geschmack gleichkommt. Darum ist der fromme und zugleich redliche Bürger evangelischer Christ – einer, der niemanden betrügen will, einer, der lieber sich selbst über seine Möglichkeiten betrügt. Die zerspaltene Vernunft ist das existentiell Unvorstellbare und intellektuell Unabdingbare.

An den protestantischen Sekten imponiert die wunderbare Schroffheit ihrer Gründerdogmen, wodurch jeder spätere Apologet wie ein entweder geistes- oder charakterschwacher Manipulator erscheinen muß. Wie anders liegen die Verhältnisse bei den Dogmen der Catholica, die, seit jeher ein Flickwerk aus Zufall und Raffinesse, so viele konsequenzbesessene Apostaten hat hervorbringen können!

Der religiös spekulierende, sonntäglich fromme Bourgeois ist Protestant: Rechenkunst hier und Gnadenwahl dort, Autonomie von Kultur wie Politik, der Glaube und das Wissen zwei Parallelen, die sich in keiner Unendlichkeit schneiden. Der praktizierende, alltägliche Bourgeois ist Katholik, wenn er an die Vereinbarkeit von Logik und Ethik und Ästhetik glaubt, er, der diese wie niemand sonst bedrängt.

Die Angst um das eigene Seelenheil … Wird sie übermächtig, so führt sie von den Menschen und zuletzt sogar von Gott fort. Das hatte jener verstörte Bauernsohn nicht bedacht, der das Dach der Kirche einriß, um dem Himmel nahe zu sein.

Der Haß auf das ungetaufte Leben: in einer evangelischen Akademie wagt er es nicht, sich zu bekennen, bei einem katholischen Intellektuellen, der diesen Namen verdient, bricht er offen hervor. Innerlichkeitsmief oder Glockengewitter, Betroffenheitsleier oder Verfluchungston, Selbstbenebelung oder Weltheimsuchung.

Bürgerlichkeit in ihrem Beginn: asketisch, sparsam, religiös vorgeschult im Verweigern der Gegenwart für künftigen Gewinn, Protestantentum gegen alles Vorhandene; das evangelische Prinzip der Kreditaufnahme beim Unermeßlichen. Bürgerlichkeit an ihrem Ende: nach dem alten Europa seufzend, dessen Zerstörung sie ihren Wohlstand und ihre Freiheit verdankt; versorgt mit Erlesenem, selbst aber nicht vornehm, eher vornehmtuerisch nach dem Unbrauchbaren als nach dem Übernatürlichen greifend; Glaubensgecken, Klostertouristen, Mosebachleser.

Jemand, der nicht wählen geht, weil die Versprechungen der Parteien von unvergleichlicher Großartigkeit sind; jemand, der sich nicht taufen läßt, weil die Verheißungen der Kirchen nur im universellen Verzicht auf Einlösung ihre partikulare Wahrheit behalten …

Atheist und Katholik staunen offenmündig über den Hochmut der Pastorin, die ihren Rücktritt anbietet, weil sie durch ihre schlechten Gewohnheiten die Wirksamkeit der Sakramente bedroht sieht.

Die hemmungslose Frömmigkeit, die sich bei einem Ignatius von Loyola ebenso findet wie bei einem Johannes Calvin, ist offenkundig der Impuls, so zu handeln, als ob es Gott nicht gäbe, und ihm durch gelebten Glauben ein Leben zu schenken.

Der spirituelle Ehrgeiz des protestantischen Laien führt zum geistlichen Selbstbetrug; dem katholischen Laien genügt es, sich durch seinen Priester betrügen zu lassen.

Der Protestant haßt den Katholiken als verkappten Heiden, der Katholik den Protestanten als verschämten Gnostiker.

Jene Religionswissenschaftlerin, die sich nicht Theologin nennen wollte und die vom ›ontischen Judentum‹ lispelte, weil sie nicht vom ›Glauben der Rasse‹ zu faseln wagte …

Sie werben keine Gläubigen mehr, sie ›werben um Verständnis‹ – vor allem in den Biographien über ihre Reformatoren.

Als die Armenbänke noch ganz hinten im Kirchenschiff standen, war das Christentum zweifellos weniger heuchlerisch als jetzt, da die Armut überall plaziert wird.

In jeder protestantischen Sekte derselbe Stolz: Unsere Demut macht uns keiner nach!

Reformationsspiel: »Katholizismus Verrat am Christentum!« – »Protestantismus Verrat an der Kirche!«

In einem stimmt Luthers mit der formalen Logik überein: Vom schlechten Baum kann auch eine gute Frucht fallen, vom guten niemals eine schlechte.

Die guten Taten folgen selten aus dem Entschluß, ein guter Mensch zu sein. Häufiger tut man Gutes, weil man den Übeltäter vergessen hat, der man eben noch war.

Protestantismus ist authentisch als Haß gegen das Leben, Katholizismus als Haß gegen etwas Lebendiges.

PRACHTKATHOLISCH

Der Katholizismus des Feuilletons ist inzwischen zu populär, um noch intelligent zu sein.

Der Hochmut jener, die den wahren Glauben bekennen, stinkt kaum ärger als der Hochmut jener, die den guten Geschmack verwalten.

Von der Komödie der Toleranz erlöst nicht die Komödie der Intoleranz.

Als Nicolás Gómez Dávila sich eines Morgens beim Rasieren schnitt und im Spiegel seine blutendes Gesicht erblickte, nannte er Menschenwürde, vielleicht etwas voreilig, eine »verbale Hämorrhagie«. Ein anderer Freund der Bespiegelung rasiert sich trocken und bewundert den »Kern an Unbefragbarkeit« in Dávilas Sentenzen. Doch Borniertheit verdient eher Neid denn Bewunderung.

Um einen Glauben endgültig der Vulgarität auszuliefern, muß man nur überzeugt sein, daß man durch das Bekenntnis zu ihm endgültig der Vulgarität entgehe.

Die Religiosität, mit der man gegen die Toleranz der Konsumgesellschaft protestiert, ist noch bizarrer als die Religiosität, die einem wegen dieser Toleranz verging.

Philanthropie und Terror: Im Verhältnis zum bekennenden Menschenfreund bedrückt den bekennenden Menschenfeind vor allem die eigene Harmlosigkeit.

Anläßlich einer Messe im Sportstadion lästern Redakteure, die sich für Freigeister halten, über Animateure, die sich für Katholiken halten.

Das Fürwahrhalten gewisser Dogmen ist zum Ehrgeiz jener geworden, die sich ohne Not eine Krawatte umbinden würden.

Sobald man im Salon das Gespräch auf Religiöses lenkt, hat man bezeugt, daß man zu Gottes guter Gesellschaft gehört.

Der Neugläubige macht einen Diener vor Gott, damit er vor Ungläubigen den Herrn spielen kann.

Den Dummkopf von gestern entschuldigt die Dummheit von heute.

Es bedurfte einer äußersten Verwahrlosung dieses Glaubens, damit er der Seele als Zierat dienen konnte – wie auch einer äußersten Verwahrlosung der Seele.

In wissenschaftsgläubigen Zeitaltern fällt es den Dandys des kirchlichen Aberglaubens leicht, sich als Hüter des guten Geschmacks aufzuspielen.

Angesichts eines allzu evangelisch fühlenden Papstes entdeckt der Ultramontane wieder die christliche Gewissensfreiheit, wenn es Almosen zu verweigern gilt.

»Es wird das soziale Klima fördern, wenn Blasphemie wieder gefährlich wird.« Mit der Niedrigkeit seiner Gesinnung wetteifert die Inferiorität seines Ausdrucks. Muß man wirklich Papist sein, um so schlecht schreiben zu können?

Derselbe nochmals: »Es ist wahrscheinlich hoffnungslos, in der Gegenwart an den Geschmack von Künstlern zu appellieren, die es nach Blasphemie gelüstet: an die instinktive Abneigung, Wehrlose zu verletzen …« Nichts Kläglicheres als ein Frommer, der wehklagen muß, daß des Unfrommen Rede seine Gefühle verletze, statt daß er, wie einst, den Körper des Unfrommen zerstückeln lassen könnte!

Man hat den Existentialismus der Cafés »eine Metaphysik für kleine Mädchen« genannt. Sollte man den Katholizismus der Salons nicht »ein Puppenhaus für kleine Jungen« nennen dürfen?

»Wir glauben nur auf Knien.« (Verschiedene) Der Katholizismus des Eitlen kniet lieber vor dem Hintern eines Priesters, als daß er in das Antlitz eines Menschen blickte.

Der vom Fanatismus des Glaubens wie des Unglaubens freie Geist sieht in einem Papst, der vom Glauben spricht, nicht mehr und nicht weniger als einen Papst, der vom Glauben spricht.

Einen Glauben für Kranke und Leidende und Bedürftige bekennen, obwohl man nichts davon ist – das bleibt Sache von Parvenüs mit weiten Schlünden und flachen Stirnen und platten Nasen, plattgepreßt an der unsichtbaren Scheibe, dahinter sie die Mysterien spiritueller Vornehmheit vermuten.

*

Wer oder was auch der lebendige Gott sei: er oder es ist sterblich, wie jedes lebende Wesen. Und wenn Leben von Ewigkeit, so zumindest ermüdbar, wie alles Sein, das sich in etwas anderem als in sich selbst verausgabte, in einer Schöpfung, einer Welt zum Beispiel, oder auch nur in Versuchen ihrer Erlösung oder Verbesserung. Die *Vertretungen* Gottes hingegen könnten ihre eigene Schöpfung sein und unsterblich, wenngleich unlebendig, weil untot. Die Erfindung eines Gottes – es bleibt die Frage, wann und wem sie gelang – wäre so der Selbsterzeugung der Gottheit gleichrangig, wenn nicht ontologisch, dann doch phänomenologisch, und in Gottesdingen urteilt man zwangsläufig dem *phainomenon* nach. Die Kirchen Gottes, pauschal: die Vertretungen des Absoluten, könnten somit das Untot-Unsterbliche sein, unbetroffen vom unvordenklichen und unabsehbaren Sterben Gottes, und eben diesen Eindruck machen sie ja auch. Seit man von besagtem Gott hörte, entfernt er sich: nimmt es da wunder, daß man an seinem Leben und Sterben irgendwann keinen Anteil mehr nimmt, daß man sich eher den Lebens- und Sterbenszeichen seiner Stellvertreter zuwendet? Vielleicht tote, gewiß aber bewegliche Materie, eine Kapitalbildung aus sich selbst … Einzig unter den Hieben der kirchenkritischen Simpel zeigt sich noch etwas Leben, doch ist dies näher besehen auch nur das Hin und Her gefahrlos geschüttelter Fäustchen. Eine Kirche von echtem Dampf und Stank und Weihrauch versteht es, die in ihr verehrte Gottheit vollständig zu ersetzen. Ihre Besucher spüren nichts von dieser Vertauschung, und sie spüren auch nichts von ihrer eigenen Ungläubigkeit. Es ist ihnen letztlich gleich, ob da etwas ist, woran sie glauben, und ob es Glaube ist, wozu dieses Etwas sie bewegt. So könnten die Neufrommen der Catholica mehr im rechten Glauben sein, als ihnen vermutlich lieb ist, wenn sie die Identität von Bürgerlichkeit und Frömmigkeit behaupten: ein Tanz von Puppen um den Spieler, der sich zu keinem Fadenzug mehr herabläßt, ein mechanisches Ballett – Körper, die sich für Seelen, Geister, die sich für Menschen halten. Das Starre, Puppenhafte, mit der die Bürgerchristen ihren Glauben am Revers und auf den Lippen tragen, bekräftigt diesen Eindruck.

*

›Spirituell‹ ist man geworden, wenn man sich um das Ich als solches oder um die Welt im ganzen mehr besorgt zeigt als um alles, was beide verbinden könnte: *Institutionen*, d. h. Denkgehäuse, Verhaltensregeln, ererbte Pflichten usw. Ichergriffene und Weltretter – oft ja dieselbe Person – wirken freilich oft formlos, ja häßlich in ihrer Monomanie. Das haben jene Pfiffigen der Frömmigkeit erkannt, die Ich und Welt in einer mittleren Größe, einer wenn auch künstlichen Synthese verbunden sehen wollen. Diese Solitäre des guten religiösen Geschmacks finden jene Mitte in der Kirche – der Gemeinde – der Horde. Zu deren dumpfem Brüllbaß fügt sich das Glaubensgeschmäcklergerede als zarter Oberton.

In seinen protestantischen Anfängen konnte der richtige Glaube dem Bürger zur Auszeichnung des Reichtums verhelfen. Zuletzt inmitten erblichen Reichtums lebend, kann der Bürger zu sozialer Distinktion nur noch durch Ausstellung seiner Katholizität finden.

Der getaufte Dandy glaubt, mit jedem seiner Witze über die Vernunft sei er über die Vernunft hinaus.

Katholizismus der Künstler: Kreuzung aus Kitsch und Kälte.

Wahrscheinlich gibt es nur die eine Blasphemie: an einen Gott zu glauben, den man vor Blasphemikern schützen muß.

Alle Wege führen nach Rom: Der Ultramontane (kinderlos) wünscht sich lieber eine andersgläubige denn eine ungläubige Schwiegertochter, denn er weiß: Der Furor der Andersgläubigen ist stärker als der Furor der Ungläubigen, und was wäre eine Ehe ohne starke Gefühle?

Seit die Scheiterhaufen erkaltet und die frommen Militärdiktatoren pensioniert sind, müssen die Leidtragenden der Blasphemie auf den Beistand profaner Mächte hoffen – auf die Amtsgerichte und die Sonntagsbeilagen …

Die sentimentale Erinnerung an den Schöpfer ist bei jenem Menschen tolerabel, dem Gottes Geschöpfe kein Gefühl mehr erregen. Angesichts einer

Welt von Gespenstern darf er beim göttlichen Leichnam auf Reste von Leben hoffen.

Es sind die Schriftsteller zweiten Ranges, die nach einer religiösen Zensur rufen, es sind die Schriftsteller zweiten Ranges, die dank religiöser Zensur ihren Stil fanden.

Katholischer Intellektueller sein heißt intellektueller Konsequenz unfähig sein – heißt den Menschen verachten und seinen Schöpfer verehren.

Je häufiger die christlichen Anwandlungen dieses Papstes, desto heftiger der Glaubensschmerz jenes Papsttreuen.

Eine Reformation der Hoffnung bedarf einer Renaissance der Furcht.

Mit dem Glauben kann nur Politik machen, wer außerhalb des Glaubens steht – eine Politik für Leute, die gleichfalls außerhalb des Glaubens stehen. Solch ein Glaubenspolitiker weiß stets zu sagen, wozu der Glaube gut ist: für die Ordnung, die Ruhe, die Schönheit des Lebens. Oder dafür, daß es interessant werde. Sich selbst im Innersten uninteressant, wünscht der Glaubenspolitiker das Leben leicht angekränkelt, damit sein Antlitz eine interessante Röte und danach Blässe zeige.

Wer heute – wie gefirmte Salonbubis aus der rheinischen Provinz – den Reaktionär spielt und nach Scheiterhaufen ruft, der ist nicht weniger ein Früchtchen der permissiven Gesellschaft als die atheistischen Rabauken, die mangels eines lebendigen Gottes auf dessen hinfällige Kirche einprügeln. Beide wuchsen heran in der Gewißheit, daß niemand sie je zur Rechenschaft ziehen werde.

Nach Jahrhunderten der Glaubenstyrannei – das Jahrzehnt der Glaubenskomödien. Der einzige Gott, zu dem man jetzt noch beten könnte, wäre einer, dessen Gläubige einander nicht kennen.

Häretisch

Wenn die Symbole – all jene Fetische, worin ein Unendliches an ein Endliches, ein Unsichtbares an ein Sichtbares, ein Geistiges an ein Stück Materie geknüpft ist – ihre Kraft einbüßen, dann flüchtet sich das religiöse Bedürfnis zu einer anmaßenden Gnosis oder zu einem ärmlichen Pantheismus. Letzterer sieht Welt und Mensch, Leben und Geist aus *einem* Stoff gemacht und hat es nicht nötig, die eigene Superiorität darin mühsam herzuleiten. Als sprachbegabtes Seinspartikel, geistfähiger Stoff oder ähnliches steht er anstrengungslos über dem schlicht Natürlichen und darf doch alle Lehren von Kreation und Inkarnation entrüstet abweisen: Dem Pantheismus unserer Tage droht vor lauter *natura naturans*, vor lauter Selbstverständlichkeit des industriellen und intellektuellen Eifers sein Stoff zu verduften, vor lauter humanem und zivilisatorischem Selbstbewußtsein das Sein zu entschwinden. Doch gegen ökologische Ängste sind die Evolutionsfrommen und andere ›Freidenker‹ seit je immun. Schäbig ist dieser Pantheismus einer gottgleich waltenden Wissenschaft weniger durch seine naive Theologie als durch sein plumpes Anduzen aller Natur – als wär's immer nur eine, immer nur seine und seinesgleichen.

Gegen diese Plumpheit sogenannter Freidenker »mit ihren dick verbundenen Köpfen« (Nietzsche) erhebt sich eine nicht weniger hochfahrende Gnosis. Ihre Vulgarität zeigt sich darin, daß sie nicht gewöhnlich, nicht von dieser Welt sein will und doch keine andere kennt. Ihr religiöses Bedürfnis – wenig mehr als ein Vehikel persönlicher Eitelkeiten – treibt sie zum Welthaß, um ein Gottesbild zu gewinnen, zur Zusammenballung von allerlei Weltwesen zu einer hassenswerten, verneinungswürdigen Schöpfung. Die moderne Gnosis weiß von Gott nur das eine, daß er nicht die Welt sei. Je mehr Welt sie in ihren Haß – ihre Anschauungen, ihre Theorien – zu fassen versteht, desto näher darf sie sich Gott fühlen. Man sieht leicht, wie nahe die moderne Gnosis bei der monistischen Gedankenlosigkeit steht, die sich als naturgewachsene Kultur, als planvoll schaffende Natur fühlt. Der gnostische Lümmel, dem es vor der Fülle erschaffener Wesen – der Zivilisationsdinge – graut und der auf diese einschlägt, um seinen Ahnungen und Anmaßungen ein wenig Raum zu schaffen, ist doch der altbekannte Jungbourgeois. Beizeiten wird er zum alterslosen Arbeiter an einer Welt, die ohne Gegenentwurf ist.

Die Glaubenserneuerer haben immer wieder den allzu kirchlich, allzu sichtbar gewordenen und also sichtbar gealterten Gott von der Welt trennen wollen. Sie haben seine unbegreifliche Launenhaftigkeit behauptet oder seine ebenso unbegreifliche Güte, letzteres um den Preis seiner – vorerst – völligen Einflußlosigkeit in dieser Welt. Die Mehrheitsreligion hat diesen gut und schwach gedachten Gott der Erneuerer jedesmal rasch in die Welt geholt, für die Kirche nützlich gemacht und so seine Erfinder davor bewahrt, als verbrannte Häretiker zu enden. Ihre verhärmten Gestalten dienten der Kirche fortan als Glaubenspfeiler, mit Recht, da ja die Eiferer des guten Gottes tatsächlich alles – all *ihr* – Leben dem todkranken Gott gegeben hatten. Reformationen, sprich: Häresien mit Maß, verzögern Gottes Tod ständig aufs neue. Die Mehrheitskirche hat solche Lebenszeichen und ihre Unruhe nicht nötig. Statt der reformatorischen Auf- und Abschwünge bietet sie den Ihren das Scheinleben im Gehäuse, in der Tradition, dieser minderen Ewigkeit eines Heute-wie-gestern. Gerade durch ihr ungerührtes Verhalten, ja ihr pures Dasein macht sie deutlich, daß sie und die fiebrig-verlöschenden Erneuerer denselben Gott anbeten: einen Gott, dessen Leib und dessen Seele man nie mehr zugleich sehen wird, gerade weil sie einmal zugleich sichtbar gewesen sein sollen.

Ebenso wie das Denken der machtvollen Dummheit bedarf, um in seiner ohnmächtigen Empörung dagegen zur Geistigkeit zu werden, bedarf das Fühlen einer selbstgefälligen Fühllosigkeit, um am verzweifelten Anrennen dagegen zur Frömmigkeit zu finden. Freie Geister wie fromme Seelen sind nichts ohne die Mehrheitskirche, in der kein Platz für sie ist. Ihre Regsamkeit in den Extremen von Philosophie und Religion wäre unmöglich ohne die reglose Mitte, die beides zu verwalten, ja zu vereinigen vorgibt. Man muß sich einen Rest von Orthodoxie bewahren oder sogar verschaffen, um sich in den Freiheiten der Häresie ergehen zu können.

Wenn heute das Glaubensleben der Mehrheitskirche – jeder Mehrheitskirche! – so kraft- und geistlos anmutet, dann auch wegen des Schwundes häretischer Widersacher, durch deren Verfolgung, Vertilgung und letztlich Verdauung sie sich lange ihres Daseinsrechtes vergewisserte. Nicht, daß es diese Häretiker und ihre störenden Eigenarten nicht mehr gäbe, im Gegenteil. In den großen Städten leben Tausende von Asketen – Helden der Einsamkeit, der Entsagung, der leib- und oft auch seelenfressenden Angespanntheit um irgendeiner kleinen Ambition willen. In ihren Berufen, ihren Ideen sind sie geradezu weltlos geworden; Vergeistigte, denen jeder Epiphanieversuch eines Heiligen Geistes kaum ein müdes Lächeln entlocken könnte ...

Das Göttliche ist nicht hier, das Göttliche ist überall – welche dieser Häresien man auch wähle, man hat es dem höchsten Wesen jedenfalls erspart, *ansprechbar* sein zu müssen.

Die von Gott seit je Verstoßenen, die mit Gott seit je Vertrauten: Es sind allein letztere, die einen Priester erschaudern lassen.

Religiöse Leidenschaft? Für den Orthodoxen bedeutet sie, Leiden zuzufügen, für den Häretischen, Leiden zu ertragen.

Skepsis

Am förderlichsten für das intellektuelle Wachstum ist eine Jugend unter der Fuchtel eines schon altersschwachen, aber immer noch sorgfältig frisierten Dogmatismus: unter einer Ideendiktatur, einer Heilsscholastik. Auf beiläufige Weise lernt der werdende Intellektuelle – dank der dort machtvoll gesicherten Eindeutigkeit der Phrase – nicht nur logische Disziplin, sondern auch Skepsis gegen die Macht des Wortes, das ja allein durch den Wortglauben der Machthaber etwas darstellt und gar etwas Eindeutiges. Zudem wird die Häresie unseres Jungintellektuellen ohne jede Eitelkeit persönlichen Dissidententums sein. Er darf es als Lebenszufall oder Naturgeschick begreifen, daß und wie er zum Glauben unfähig wurde. Kann doch kein Mensch an eine Idee glauben, die sich häuslich gibt! Gerade wenn sie nicht Ziermöbel in einer ansonsten kahlen Seele, sondern ihrerseits Haus des Seins, des Lebens, der Wahrheit oder ähnliches sein will, muß die Idee sich als so unwohnlich erweisen wie eine Tempelhalle. Der Auszug aus ihr gelingt dem häretischen Geist in frühen Jahren und ohne Geräusch. Um so hellhöriger wird er für den hohlen Klang jener *frei wählbaren* Häresien sein, die Kost und Logis bieten und in die man als freier, leerer Geist einzieht.

*

Der Glaube krönt eine Welt, die von einem zweifelhaften Wesen erschaffen wurde.

Der bekennende Atheist steht der skeptischen Weisheit ferner als der schwankende Fromme.

Zweifel machen den Geist flexibel, Überzeugungen verbiegen ihn.

Den Glauben mit der Milde eines Ungläubigen betrachten, dem er nichts anhaben konnte …

Manche Dogmen würde man keines Blickes oder Glaubens gewürdigt haben, wenn man nicht vom Schicksal jener gehört hätte, die an ihnen zweifelten.

Man bleibt gläubig, solange man flucht. Im Fluch jedoch, dem keine Strafe folgte, raunt der Zweifel.

Das Leben wäre eine Barbarei, wenn es einen natürlichen, und eine Narretei, wenn es einen übernatürlichen Sinn hätte.

Der Skeptiker: ein Häretiker, der nicht als Orthodoxer enden will.

Wie kann man an einen Gott glauben, der Leute wie seine Anbeter am Leben läßt?

Die skandalöse Selbstverständlichkeit, die der Gegenstand des Glaubens im Leben des Gläubigen behauptet – sie fällt allein den frommen Seelen und den stolzen Geistern auf, die eine alleinseligmachende Kirche mit selbstverständlichem Eifer verfolgte.

Verstand beim Tier? Vielleicht in seinem Zaudern vor dem Köder. Glaube beim Tier? Sein verständnisloser Blick, wenn es in der Falle sitzt.

Glaube ist Zweifel an dem, was man weiß, oder Zweifel an dem, was man sieht.

Für den Skeptiker ist der Glaube eine Schaufel, mit der er sich umgräbt, für den Atheisten das Grab, in das er zu fallen fürchtet.

Die anständige Skepsis kommt aus dem Fleische. Die hochmütige, eitle Skepsis ist die Auflehnung eines Geistes, der beim ersten Windstoß des Glaubens vor ihm einknickt.

Weder La Rochefoucauld noch La Bruyère wollten als die *esprits forts*, die sie waren, mit den *esprits libres* verwechselt werden – eher noch fanden sie ihre Menschenskepsis durch eine morsche Religiosität bestätigt als durch eine allzu zweifelsfrohe Philosophie erkannt. Wie würde diesen starken, freien Geistern bei jenen ›Freidenkern‹ zumute sein, die sich heute auf sie berufen?

Wenn man zweifeln *will*, dann *muß* man verzeihen können, seinem Gott etwa, daß er nicht existiert.

Der Glaube des Nächsten ist das, was weder ein Frommer noch ein Zweifler verstehen kann.

Wie Enthusiasmus ist auch Ernüchterung ansteckend, doch erholt man sich von ihr seltener.

Gewiß kann der Zweifel genauso fanatisch sein wie der Glaube, nur eben eher zum Schaden des Zweiflers als zum Schaden der Welt.

Pessimistische Glaubenslehren machen das Leben, optimistische das Sterben erträglich. Und realistische? Lassen einen das Dasein von Gläubigen ertragen!

Im Andachtslärm der Kirchentagschristen muß sich der spirituell Hellhörige wie ein frommer Heide unter heidnischen Frömmlern fühlen.

Frei darf der Mensch heißen, der einsam denken kann und einsam beten muß.

Kläglich der Agnostiker, der sich zum Bekenntnis seines Agnostizismus verleiten ließe!

Der Glaube überlebt die Zweifel des Herzens, doch nicht das Lächeln des Verstandes.

Je älter wir werden, desto leichter fällt es uns, den Glauben zu akzeptieren, und desto schwerer, zu glauben.

*

Von allen Freiheiten ist Geistesfreiheit, also Skepsis, die am wenigsten freiwillige: Die Skepsis bekundet sich zunächst als Glaubensschwäche. Nicht einmal Philosophen zweifeln aus eigenem Willen. Man kann sich allerdings zur *Ungläubigkeit* entschließen, ein Entschluß, der Gewißheit und Genuß geistiger Freiheit aber nur im Glaubenswechsel verbürgt. Ein Freigeist macht Karriere durch wechselnde Apostasien: Er glaubt das eine, um das andere nicht mehr glauben zu müssen, er bezweifelt das eine, um das andere endlich glauben zu können. Die Freigeister des Tages sind die Menschen mit dem Sinn fürs Universelle, fromme Zyniker, die sich im All-Einen zu Hause fühlen, indem sie mal das eine, mal das andere davon vor der Welt vertreten. Sie haben zuletzt den Zweifel ebensowenig nötig wie den Glauben. Den Schmerz des ersteren überlassen sie den echten, also nur gelegentlichen Zweiflern oder sogar Verzweifelten, das Glück des zweiten den Wissensgläubigen, welche die Freiheit immer nur ins Denken, nie in Dummheit münden sehen. Für beide, für die Gelegenheitszweifler wie für die professionellen Freidenker, ist es bitter und unbegreiflich, daß in Redaktionsstuben, in Werbeagenturen, ja in Parteizentralen oft mehr freier Geist zu finden ist als in jenen Zirkeln, wo man ihm mit Mitgliedsbeiträgen huldigt.

KRISIS

Jahrtausendelang wußte der Mensch auf die Knie zu fallen, heute kann er nur noch zusammenbrechen.

In Zeiten der Krisis beginnen sogar die Theologen zu beten.

Die Welt, aus der sich der Schöpfer zurückzog, könnte eine gewesen sein, deren Schauspiel ihn zu unterhalten begann.

Nur geoffenbarte oder erforschte Wahrheiten nutzen sich ab.

Die Heiligkeit geht aus einer Ernüchterung an der Welt hervor, die Weisheit aus einer Ernüchterung an der Heiligkeit.

Atheisten und Protestanten erwecken rasch Langeweile, weil sie bloß gegen ein Dogma oder gegen einen Kultus wettern. Dagegen ein Katholik, der von seinem Gott enttäuscht wäre …

In der Entgöttlichung der Welt war der Eingottglaube, der die Welt zu ›dieser‹ Welt herabwürdigte, ein Zwischenschritt, ja *der* Zwischenschritt überhaupt, und so verkündet er auch sich selbst überall als Zwischenspiel: zwischen Anfang und Ende der Welt, zwischen Abgang und Wiederkehr des Erlösers.

Weder Moral noch Vernunft begrenzen die Exzesse der Religion und der Wissenschaft, d. h. des Glaubens an ein allerhöchstes Objekt oder an eine allmächtige Methode. Nur der gute Geschmack bewahrt vor den Phantasmen der Entgrenzung. Der Abscheu vor dem geklonten Menschen entstammt derselben ästhetischen Urteilskraft wie das Grauen vor einem gekreuzigten Gott.

J. G. Fichte war der letzte, der vom Ich genauso munter zu plaudern verstand wie von Gott. Seit beides nicht mehr zu verwechseln ist, hat die Philosophie zu stottern begonnen.

Wenn die erste Tugend des Buddhisten das Mitleid mit den Geschöpfen ist, wie sollte er da nicht zuerst den Christen bemitleiden, dieses erste und letzte Opfer seines Schöpfers?

Der verzweifelte Wunsch, wieder glauben zu können, führt oft zum vergeblichen Bemühen, sich an den christlichen Dogmen zu ärgern.

Die Altersskepsis ist verständiger als die Altersgläubigkeit, die Jugendgläubigkeit ist aufrichtiger als die Jugendskepsis.

Die religiöse Krisis durchgeistigt das Leben, wie jede Infektion. Und wie jede überwundene Infektion läßt sie es schwächer, also dümmer zurück.

Nietzsche konnte noch sagen: Es ist unanständig, Christ zu sein. Wir nur mehr: Es ist lächerlich.

KAPITAL

Der Buddhismus kennt den Bodhisattva, der aus Mitleid mit den Menschen auf eigene Erlösung verzichtet. Sein Handeln ist Bereitschaft zum Leiden mit der seit je leidenden Menschheit, in der er nun ungeachtet seines Erlösungswissens mit Leib und Seele aushält. Christus hingegen hat als Leib gelitten, damit der Mensch an die erlösbare Seele glaube. Die christlich sich nennende Kirche wiederum hielt geistlichen Trost für körperliche Leiden bereit. In der nachchristlichen Welt endlich gibt es keinen Stellvertreter des menschlichen Leidens mehr, sondern nur noch Stellvertreter des bürgerlichen Tatwillens. Der Intellektuelle ist wie der Künstler ein Stellvertreter des Bürgers. Nicht nur leidet er für den Bürger, der selbst nie zu leiden wagt, sondern er treibt auch die bürgerliche Tätigkeitswut zum leidvollen Extrem, indem er sie von ›irdischen‹ Zwecken ablöst. Reine Kunst! Reine Erkenntnis! Tag und Nacht im Dienste einer – bürgerweltlich gesehen – zweckfreien Tätigkeit, vertritt der Intellektuelle oder der Künstler zuletzt nur noch sich selbst, in einem Leiden ohne Rücksicht: Er ist der Heilige, welcher der Bürger nie zu sein wagte.

*

Religiöses Vermächtnis des Bürgerzeitalters: die Ersetzung der Demut durch die Bescheidenheit.

Christliche Spätantike: Der Asket ist Mystiker. Bürgerliche Neuzeit: Der Asket wird Fanatiker.

Den armen Sündern gelten die Befreiungsmühen der bürgerlich-protestantischen Welt: zuerst ihrer Sündhaftigkeit, zuletzt ihrer Armut.

Nichts leichter im bürgerlichen Weltalter, als sich den Ruf eines Heiligen zu erwerben: es genügt die Unlust, den eigenen Vorteil wahrzunehmen.

Eine Gesellschaft, in der man alles hat und nichts braucht, wird Götter haben wollen, die man brauchen könnte.

Den Anfang ohne Ende verkünden Geldwirtschaft und Erlösungsreligion gleichermaßen.

Seit ungefähr zweihundert Jahren fällt es leichter zu glauben, daß man selbst Gott, als daß überhaupt ein Gott sei.

Die späte Moderne teilt sich in eine Sphäre der Gesinnung und eine der Technik wie die frühe Moderne in eine Sphäre der Gnaden- und eine der Werkfrömmigkeit.

Der Deismus bleibt die Religion der bürgerlichen Welt – der Glaube an einen Gott, der den Menschen genauso in Ruhe läßt, wie der Bürger von seinesgleichen in Ruhe gelassen werden will.

Die Romantik hat die Autonomie einer nutzlosen Kunst, Religion und Wissenschaft entdeckt. Der Bürger, dem romantisch zumute ist, entdeckt den Nutzen einer autonomen Kunst, Religion und Wissenschaft.

Monotheismus und Monogamie lehren das gleiche: Wenn der Gläubige mit seinem Gott, wenn der Mann mit seiner Frau zusammenbleiben soll, dann müssen sie miteinander in die Zukunft schauen, statt zueinander über die Gegenwart zu sprechen.

Der Bürger der freien Gesellschaft mag nicht recht glauben, daß sich Gott für sein Moralleben interessiere, wo sich doch nicht einmal die Polizei für seine Freigeistereien interessiert.

Comtes *Philosophie positive* – das ist der Glaube an den Bund von Gott und Teufel, von Ordnung und Fortschritt.

Religionen der Not und Religionen der Langeweile. Erstere füllen mit der Gottheit einen Mangel in der Welt, letztere finden sich in einer restlos überfüllten Welt und seufzen wie Bloch, der Bürgersohn: Da fehlt doch was.

Gläubig ist der Mensch von heute gewiß nicht weniger als der Mensch von gestern. Doch der Mensch von gestern glaubte, daß ihm sein Glaube nützen müsse, während der Mensch von heute glaubt, daß ihm sein Glaube nicht schaden kann bei seinem Geschäft.

Ein zeitgemäßer Zeitgenosse: »Die Erfolgreichen, die mit der modernen Welt Zurechtkommenden sind heute eher auch die Gläubigen.« Nur heute? Waren es denn nicht immer »die Gläubigen«, die sich um ihres Erfolgs willen von der gewöhnlichen Moral, der Moral ungläubiger Weltkinder, freisprechen ließen?

Für die Überzeugung, daß eine Sache schön oder gut oder heilig sei, genügt dem Philister der Eindruck, daß sie zu nichts anderem zu gebrauchen sei.

Ein Glaube, der weder auf die Armut noch auf den Reichtum angewiesen sein wollte, wäre nichts als vernünftig.

Vitae apostolicae apologia: Materielle Armut hindert die Menschen zu zeigen, worin ihre spirituelle Armut besteht.

Ein Sozialreformer am Kreuz: der Katholik von links sieht es mit Empörung, der von rechts mit Genugtuung.

*

Es ist christlich und sogar menschlich, wenn man sich angesichts einer Demütigung damit tröstet, daß man dereinst erhöht sein werde. Es ist nichts als bürgerlich, wenn man sich selbst demütigt, um sich dadurch selbst erhöhen zu können. Die bürgerliche Selbstdemütigung – in der Selbstbestimmung als Naturgeschöpf, Menschengeist, Bürgersmann mit allerlei Ansprüchen an Leben und Zukunft – zehrt von der christlichen Hoffnung, daß der zeitliche Nachteil ewigen Nutzen bringen werde. Daher auch die Ewigkeit bürgerlicher Selbstdemütigung: Wer sich selbst bestimmen will, der darf mit der Zeit und ihren Wechselfällen nichts zu tun bekommen, der muß sich der Ewigkeit anvertrauen, einer Ewigkeit, die er selbst gemacht hat. Endlos ist die Selbstdemütigung unter eine künftige Herrlichkeit, in der Hoffnung auf den unermeßlichen Nutzen, der allen irdisch meßbaren Nutzen übersteigt. Der Bürger macht sich sein Lebtag klein für eine leblose Größe, den Gewinn. Die Größe der bürgerlichen Selbstverkleinerung wiederum liegt darin, daß der verkleinerte Mensch in ihr bis zum Letzten ging. In seiner Selbstbestimmung als Bürger hat er sein Leben gegen ein Anrecht aufs ewige Leben getauscht, seine Humanität gegen eine Idee der Humanität. Als Phantom des Humanen kann den Bürger nichts Zeitliches mehr treffen, als Gläubiger seines Eigenwertes lebt er fort unter den Eigentümern der Erde.

Wer den Kapitalismus durch ›ursprüngliche Akkumulation‹ in die Welt treten läßt, wiederholt in der Theorie einen Mythos, dem der Kapitalismus sein Erscheinen in der Wirklichkeit verdankt – den Mythos vom Schatz, mit dem sich endlos wuchern läßt, von der Wunde, die man nicht vergessen kann … Den Versuch des Christentums, eine Welt a. C. unvorstellbar werden zu lassen, hat erst der Kapitalismus mit Erfolg wiederholen können: Wer nicht kapitalistisch denkt, lebt falsch und stirbt bald.

Vielleicht ist das Neue Testament ökologisch noch weniger korrekt als das Alte. Dieses lehrt den Menschen nur, die Erde zu mißhandeln, jenes aber, sie zu mißachten. Das Neue Testament hat den Menschen an den Gedanken gewöhnt, daß sein Schöpfer sich um nichts zu kümmern habe als um den Menschen.

Wenn ein Mensch beinahe sein ganzes Leben ohne Zorn und Eifer hinter sich gebracht hat und zuletzt doch vom Christentum erfährt, dann dürften ihm am ehesten die aggressiven, zelotischen Geister imponieren: St. Paul, St. Augustin, Tertull, Calvin. Glaube und Exzeß, Glaube *als* Exzeß!

Bürgerlichkeit ohne Bürgertum, Bürgerlichkeit eines ganzen Volkes: Zweifellos liegt in der Apathie, der Ängstlichkeit, der Anpassungsbeflissenheit westlicher Mittelklassen etwas Religiöses … dieser Großaufwand zur Verkleinerung des Menschen um kleinster Vorteile willen. Anderen, östlicheren Völkern mag dies unverständlich erscheinen, auch unangemessen. Aber ist in gottverhüllenden Zeiten nicht eben dieser unverständliche Aufwand für ›unsichtbare‹ Werte ein Signum des Religiösen?

KOMMUNE

Manch ein Leben wird krank, falsch oder lügenhaft nur deshalb, weil es nicht zu enden versteht. So auch das Leben dieses Gottes, von dem allzu viele menschliche, ausgesprochen ungöttliche Wesen zu zehren suchten. Am lebendigsten erschien der Gott, wo seine Vertreter gegen die Schismen seines Kultus wüteten. Überhaupt scheint vom Leben des *einen* Gottes eine niedergehaltene Häresie je zu seiner Rechten und seiner Linken untrennbar. Wurde eine Wahrheit jemals zu Leben und Erfahrung, wo sie nicht zwei Lügen flankierten? So war das wahre Leben des Gottes vielleicht das, was seine zwei großen Kirchen nie von ihm zu denken wußten oder wagten, so ist sein Sterben vielleicht unvermeidlich durch das, was er von seinem Leben jene großen zwei behaupten ließ. Sein Leben ist ihr Geist geworden. Darum wirkt sein Sterben so kunstlos, so unwürdig auch, weil jene nicht verstehen, ihren Geist aufzugeben, zu verstummen vor Gott und Menschen. Glauben könnte man jetzt einzig noch an einen Gott, von dem seine Vertreter kein Gerede anfingen. Erbarmen brächte man allein noch auf für eine Kirche, die ihre Gottverlassenheit einräumte. Die Kunst- und Geistlosigkeit des Gottessterbens zeigt, daß das Gegenteil der Fall ist. Das Erscheinen eines Gottes in seiner eigenen Schöpfung mag spektakulär und – wie es das Modewort will – singulär sein, es bleibt jedoch bloß Akt und Zeichen seiner stetigen Entfernung von den Geschöpfen. Ganz gleich, ob die Entfremdung zwischen Gott und Mensch wechselseitig sei oder nicht, ganz gleich, ob darin Schuld wirke oder ein Schicksal, theologisch kann dies nur eine Schwächung des göttlichen Lebens bedeuten, des gebenden wie des gegebenen. Das Schwächeln und Sterben des göttlichen Lebens ist freilich ein Prozeß, den weder Theologie noch Religion auf Menschenmaß bringen könnten. Eben darum wirkt menschliches Trachten, das sterbende göttliche Leben zu verleugnen oder zu verklären, possierlich *und* grauenhaft. Als ontologische Behauptung (Catholica) hat sich die göttlich-menschliche Lebensgemeinschaft blamiert, als moralische Forderung (Protestantismus) hat sie sich abgeschwächt bis zur Geisterhaftigkeit. Übrig bleibt der ästhetische Blick aufs Christentum: Sofern es eine Seinslehre oder Moralnorm zu geben versucht, erscheint es nur noch als lächerlich oder als geschmacklos. Die beiden großen Kirchen, in ihrer Vernachlässigung des Heidenerbes einer *ars moriendi*, sorgen dafür, daß das Religiöse oder seine Behauptung auch armselig wirkt. Ob sie Gelehrsamkeit markieren wie die Salonkatholiken, ob Gesinnungsfrische wie die Rundfunkprotestanten, immer ist da der unwürdige Eindruck zweier Habenichtse, die sich ums Sterbelager des vermögenden Onkels drängen. Die forsche Geste der Wiedererweckung und die dreiste Behauptung des Fortlebens im Geiste tun ein übriges. Da die zwei Möchtegernerben mit ihrer zahlreichen Vetternschaft so dicht Gottes Sterbelager umstehen, eine Eckensteherei des Glaubens nun schon seit Jahrhunderten, wird dem interessierten Zeugen jeder Blick auf besagten Moribundus genommen. Dieser ist nur noch das, was von ihm erzählt wird. Und so wollen es die Beflissenen des Gottesglaubens ja wohl auch, denen stets der Glaube abging an eine Gottheit, auf die man scheu schweigend Durchblick gewährt. Wie so anders starb jene Religion und Gottheit, die den Blicken der Welt ausgeliefert war! Der Weltgott der kommunistischen Kirche war nicht verfault, sondern schlicht vertrocknet, sein Volk hatte alles Leben aus ihm gesogen und sich so selbstbewußt wie weltfreudig einem neuen zugewandt. Der kommunistische Gott mitsamt seinem Reich verstand es, zu implodieren, ja sich *zusammenzufalten*, er verschwand nicht, wie faulendes Fleisch unter fester Hülle, in der plötzlichen, alle Welt bespritzenden Explosion.

*

Der Kommunismus: vielleicht die mißglückte Synthese von Christentum und Bürgerlichkeit – von Glauben an die Lebendigkeit des Wortes und Hoffnung auf die Logik der Dinge.

Eine Autorität, die älter als man selbst, aber schlechter begründet ist – der Atheismus hat sie nicht weniger nötig als der Antikommunismus.

Den Theologen empört am Marxismus all das, worin dieser dem Evangelium folgt, vorneweg die Unzufriedenheit mit dem alten Menschen.

Wenn der atheistische Staat einen getauften Bürger nicht Karriere machen läßt, dann ereifert dieser sich mit Recht über die Niedertracht der Welt.

Ein studierter Menschenfreund erblickt auch in Gottes Sohn nur einen Intellektuellen, der zur Bewährung in die irdische Produktion geschickt ward.

Wer den Himmel auf Erden, die Transzendenz in der Immanenz will, der wird Grenzen ziehen.

Ihren Abstieg ins Irdische hat eine Gottheit vollendet, sobald sie als Heiliger Geist in den Leibern der Gläubigen zu rumoren beginnt.

Zu den Vorzügen des Kommunismus gehört es, daß er kaum Illusionen über sich zuläßt. Er ist ganz auf die Imaginationskraft derer angewiesen, die an ihn glauben wollen. Kurz: Der Kommunismus ist nichts für Glaubensschwächlinge.

Ärmlich kann nur der Gott wirken, der sämtliche Gebete seiner Gläubigen erhört. Sie werden dann erkennen, wie wenig er zu geben hatte und wie wenig sie zu fordern wußten. Der Tod eines Gottes gleicht so dem Ende einer Gesellschaft: Sie hat ihren Mitgliedern alle Wünsche erfüllt, die erfüllbaren Wünsche waren allzu bescheiden, das frei oder unverschämt gewordene Wünschen wendet sich der nächsten Gesellschaft zu.

»Die Kommunisten waren die letzten und einzigen Frommen, die ich kennenlernen durfte, was mich mißtrauisch gegen die Frömmigkeit und nachsichtig gegen den Kommunismus gestimmt hat.«

MISSION

Man kann den eigenen Kummer ein wenig größer machen, wenn man ihn mit dem Elend der Welt beschwert, man kann das eigene Elend für ein tragfähiges Leid halten.

In einer götterleeren Welt werden Glaubens- zu Gerichtssachen. In die Schranken treten der Berufskleriker und der Berufsatheist, es verklagen einander der kindische Greis und das altkluge Kind.

Die Menschheit glaubt an die Menschen, die rückhaltlos sich selbst verehren ... ohne Blick zurück, ob die anderen mittun bei solcher Verehrung. In ihrer Rückhaltlosigkeit ist die Selbstverehrung von Gottergebenheit nicht zu unterscheiden.

Was Konfessionen gegeneinander treibt, ist nicht die verschiedene Sitte in ihnen, denn die steckt fest in ihrem Ort, ihrem Leben. Was raum- und zeitfrei umherirrt, was angenommen und abverlangt werden kann, nur das macht die Bekenner bösartig und feindselig: eine Meinung, ihre Mission.

Der vom Christengott befohlenen Liebe, über die Juden wie Heiden so viel und so gern gelästert haben, ähnelt der staatlich verordnete Antifaschismus, über den sich heute gelernte wie ungelernte Antitotalitaristen ereifern. Doch war einem Volk, das tausend Jahre lang dem Teufel zugejubelt hatte, wohl nur durch Verordnungen zu helfen ...

An die Menschheit glaubt, wem es vor seinem Nächsten graut. An einen Gott muß glauben, wem es vor sich selbst graut.

Der moderne Bußprediger malt der Menschheit ihr Leben in allen Farben der Kloake aus und ermahnt sie, sich zur Bewahrung des menschlichen Lebens zu bekehren.

Theismus: Doktrin von der Schuld des ersten, Rassismus: Doktrin von der Schuld des andern Menschen.

Spanien in Amerika: Um das Christentum nicht verabscheuen zu müssen, muß man Eroberer bewundern können.

Menschenhaß führt nicht zur Vernichtung des Menschen. Eher zu Projekten der Menschheitsverbesserung.

Das organisierte Freidenkertum zeigt die Tragikomödie eines Denkens, das sich, freigeworden von jeder geschichtlichen Notwendigkeit, seine Gegner selbst suchen und der Kohärenz im Irrglauben verdächtigen muß.

›Evolutionärer Humanismus‹ oder: seine Lebendigkeit dadurch beweisen, daß man auf dem Leichnam eines Gottes herumtrampelt.

Eine Kirche von unten weiß ganz genau, wie die oberen Mächte aussehen müßten, an die sie glauben würde.

Für zwei auserwählte Völker ist die Erde zu klein, wenn sich nur ein Himmel darüber spannt.

Der Aberglaube des Atheisten ist es, daß die Rettung der Erde vom Glauben an die Nichtexistenz des Himmels abhänge.

In der Theorie verwirft der politische Katholizismus gleichermaßen Eigennutz und Staatsegoismus, in der Praxis vereint er beide und ist vom nationalen Sozialismus kaum zu unterscheiden.

Sinnenlust heilt von der Nächstenliebe – und vom Missionsdrang.

Der Hochmut der Priester, die über die Demut des Menschen wachen, der Dünkel der Philosophen, die den Menschen aus seiner Demut befreien wollen …

In der sozialen, der nationalen, der liberalen Utopie kooperieren Mann und Frau, um Fortschritt, Kinder, Glück zu produzieren. In der religiösen Utopie kooperieren sie nur scheinbar und werden in Wahrheit, jedes für sich, zu ihrem Heil von Gott beschäftigt.

GNOSIS

Der Mensch bleibt Geschöpf, solange er sich nicht aus eigener Kraft ruinieren kann.

»Es muß einen Gott geben, denn kein Leben kann *von Natur* derart fehlgehen ...«

Der Mensch kam heil zur Welt, doch irgendein Gott entdeckte ihn, nahm ihn als Spielzeug und zerbrach ihn schließlich, um zu sehen, was in ihm steckte.

Scheu vor der Schlange – Scheu vor dem Unheil, das uns *heimsucht*; letzte religiöse Empfindung von Leuten, die im Unheil *wohnen*.

Ein Gottessohn, der vergeblich für den Menschen Verzeihung erfleht, weil Gottvater es sich nicht verzeihen kann, den Menschen geschaffen zu haben ...

Die Existenz eines fernen Gottes erscheint glaubwürdiger denn der Glaube des Nächsten.

Der christliche Teufel wirkt schon deshalb distinguierter als der christliche Gott, weil teuflische Gunst wählerischer ist als göttliche Gnade.

Seit der Wolf zum Menschen geworden ist, kann er kein anderes Tier mehr reißen ohne die Überzeugung, damit ein gottgefälliges Werk zu verrichten.

Die Menschen lieben, um sie nicht bemitleiden zu müssen ...

Die schlechte Laune rehabilitiert den Teufel, denn in ihr ist er nicht Zerstörer, sondern Betrachter einer Welt, die er nicht geschaffen hat.

Der Menschenfeind hat Menschen am meisten nötig.

Wenn das Volk an der *Via dolorosa* gewußt hätte, wer da an ihm vorüberging – würde es nicht die einmalige Chance genutzt haben, sich am Allmächtigen zu rächen?

Selbst ein Gott muß zum Menschen werden, wenn er sterben will.

Den Tatsachen ins Gesicht sehen – das heißt für den Gnostiker, seinen Abstand zu den Tatsachen sehen.

Ein freier Mensch kann nur an einen Gott glauben, der den Menschen nicht nötig hat.

»Not lehrt beten« – zu einem Gott, der sich, wenn er sich zur Existenz herabließe, genötigt fühlen müßte.

*

Was ist Gnosis anderes als die Umkehrung des Sklavenglaubens, daß unser Herr uns einen Geist gegeben habe, weil er den Anblick unserer lehmigen Formlosigkeit nicht ertrug, unserer gottlosen Natur? Der Gnostiker lebt in der Selbstverständlichkeit geistiger Form. Er verabscheut den Schöpfergott und verachtet sich selbst für die unerbetene Gabe des göttlichen Lehms, des Daseins in der gottgekneteten Welt. Offenkundig ist der gnostische Geist frei von aller göttlichen Befehlssucht. Der Gnostiker ist ein Herr, der mit seiner eigenen Geistnatur zu sehr beschäftigt ist, als daß er noch die lehmigen Geschäfte eines Gottes – ein Erdenleben, eine Geistesherrschaft über andere Erdgeschöpfe – betreiben könnte.

*

Was Kirchenchristen und Evolutionsfromme eint, ist der Glaube an die Inkarnation des Geistes, die Dinggestalt des Unendlichen. Spiritualismus und Materialismus – die zwei Seiten des verrückten Tisches.

Wenn die Welt schlecht ist, dann gewiß, *weil* sie nach einem Plan geschaffen wurde, einem Bild des Großenganzen, dessen Details nur diverse Teufel ausmalen konnten. Das wird ein Weltverbesserer niemals begreifen.

Unvergeßlich der Jubel des evangelischen Vortragsreisenden und der katholischen Magazinredakteurin, als sie beim Podiumsgespräch ihren gemeinsamen Haß auf die gnostischen Häretiker entdeckt hatten, unvergeßlich ihr geschwisterliches Frohlocken!

Die göttliche Macht erweckt Mitleid, wenn sie ihre Schwächen nicht zu zeigen wagt, und Furcht, wenn sie sich schwach gezeigt hat.

Emil Cioran, übersetzt von Martin Mosebach: »Seit zweitausend Jahren rächt sich Jesus an uns dafür, daß er nicht auf einem Sopha gestorben ist.«

Es gibt eine fromme Gleichgültigkeit, worin Gnostiker und Agnostiker sich begegnen: in ihr überlassen sie die Welt dem fremden Gott und diesen alsdann sich selbst.

Ein Teufel ist jemand, der auf Gott eifersüchtig ist, ein armer Teufel jemand, der keinen Gott findet, auf den er eifersüchtig sein könnte.

Lebensabschlußseufzer eines enttäuschten Schwärmers: »Die Natur ist genauso verdorben wie die Geschichte.«

Gnostizismus: einzig angemessener Ausdruck für die Erfahrung, daß Gott und Mensch sich auseinandergelebt haben.

HEIDEN

Nach den Niederlagen des Denkens wie des Herzens sieht die Humanität sich auf den nackten *Willen* zurückgeworfen, der meist ein Wille zu rationaler Selbstbehauptung ist: Der Stoizismus versucht jene Geister, die der theologischen Spitzfindigkeiten wie der frommen Sentimentalitäten überdrüssig sind. Die stoische Versuchung des Hochmuts, wie sie jeder *Religion des Willens* zugrunde liegt – die Selbstvergrößerung durch Selbstverkleinerung, der Fromme als Gottes Knecht und aller Welt Herr! Wirken die Reformatoren nicht ein wenig eitel in ihrer Anstrengung, mehr zu sein als bloß kritisch, nämlich konstruktiv? Eine Konstruktivität, die bei den Kläglichkeiten einer neuen Obrigkeitsfurcht endete. Man könnte vor Protestantismus wie Stoizismus mehr Respekt empfinden, wenn sich der in ihnen wirksame Wille etwas ratloser gezeigt hätte.

*

Falsche Empörung ist häufiger als falsche Resignation.

Als Stoiker endet jeder, der systematisch der Selbstverachtung ausweicht.

Die Seelenruhe: bei den Alten durch eine Anstrengung, bei den Modernen dank der Erschöpfung.

Hinter Augustins Empfehlung, seine Freunde in Gott zu lieben, könnte die christliche Erfahrung mit einer Freundschaft stehen, die nicht solider gebaut ist als die Liebe.

Von der religiösen Knechtschaft befreit die Philosophie auf zweierlei Weise: 1. Die schlafenden Götter verleumden und hilflos dem Erwachen eines mörderischen Autokraten beiwohnen. 2. Dem gealterten Gott einen Stoß geben und vor neuen Götzen auf die Knie fallen.

An einen Gott zu glauben, der alle Menschen erlösen kann, fällt dem vornehmen Heiden leichter, als an einen Gott zu glauben, der alle Menschen erschaffen hat, Christen wie Heiden.

Der Tod des Sokrates erfüllt uns nicht mehr mit Staunen, der Tod Jesu nicht mehr mit Schuldgefühl. Womöglich sind wir reif für die Skepsis der Vorsokratiker oder der Spätantike.

Der Katholik riskiert stets, mit dem Heiden, der Protestant, mit dem Bürger verwechselt zu werden. Was Wunder, daß sich Katholik und Protestant wenigstens darin einig wurden, den guten Bürger als Heiden und den Heiden als schlechten Bürger zu verdächtigen!

Geistig überlegen war das Christentum dort, wo es sich seelisch überlegen zeigte: in der Nicht-Naivität seines Selbstbewußtseins, im Zweifel an den Gewißheiten der anderen. Nach der christlichen Demontage des Stoizismus wird nur noch ein Naiver glauben, man könne sich in die *constantia* des Ichs betten und nie aus ihr erwachen.

Allein bei einer schicksalsgleichen Gottheit hätte der leidende Mensch das Recht, sich vernachlässigt zu fühlen. Von einer solchen Gottheit ist in den Evangelien kaum eine, in den Dramen des Aischylos und des Sophokles manche Spur. Das Schicksal gleicht einem herzlosen Erzieher, dem nicht zu entkommen ist, die Vorsehung hingegen einem übereifrigen Aufpasser, den mitunter Sekundenschlaf anfällt.

Wenn man dem Stoizismus einen Hauch Ästhetik anschminkt, gewinnt er dabei fast christliche Züge: den Glauben daran, daß unvermeidliche Leiden eine Seele verschönern.

Mark Aurel hat mehr Seelen getröstet als Platon: Die Erzählung von der Bedeutungslosigkeit der Dinge beruhigt stärker als die Theorie von ihrer höheren Bedeutung.

Nichts ist dem Heiden so sehr verdächtig wie ein Glaube, der eigens zu seiner Bekehrung erfunden wurde.

Die Alten mußten nicht vor einem unsichtbaren Gott zittern, sie hatten genug Plackerei mit den sichtbaren Götzen.

*

Epikureer und Skeptiker gab es in der *historia abscondita* der christlichen Kirche zuhauf, Stoiker dagegen traf man dort selten an. Sie waren gehaßt und gefürchtet als Konkurrenz. Die stoische Tugend, vermeintliche oder tatsächliche Fata zu akzeptieren, ist eine intellektuelle Tugend, sie mußte daher den Kirchenoberen verdächtig sein: Glauben, Hoffen, Lieben im christlichen Sinne sind Verstandespensionierung und als solche unvereinbar mit dem Stoizismus. Zuweilen sieht der Stoiker zwar dem verhärmten Moralrigoristen ähnlich, der leicht zum Ketzer wird und zum – der Mehrheitskirche das Jenseits abgrabenden – Märtyrer einer weltfremden Gnosis. Viel stärker aber ist das stoische Denken der Catholica verhaßt gewesen als ein Trostmittel, das ohne kultisches Zubehör auskommt. Dies galt schon zu einer Zeit, als die Häscher des bekehrten Constantin um die Privathäuser schlichen, um nach heidnischem Weihrauch zu schnüffeln. Doch waren die Römer, die sich gleichermaßen zu den alten Göttern wie zu Zenos Lehren bekannten, dem vulgären Pathos des Kreuzes ohnehin unzugänglich. Das Spötteln dieser sublim Paganen übers hoffnungsfrohe Leiden trieb schon die ersten Kirchenväter zur Weißglut. Der fromme Zorn hätte noch kräftiger lodern können, als der Stoizismus gut tausend Jahre später zur Religion des frühen Bürgers wurde und in seinem Asketismus dem reformierten Christentum allzu ähnlich schien. Die antike Stärke des Duldens hatte sich zur modernen Härte des Willens gewandelt. Es war das teuflische Prinzip selbst, das durch seine systematische Weltunterwerfung und Seelenknechtung den alten, stets am Rockzipfel Gottes hängenden Teufel alt aussehen ließ. Der Stoizismus der Neuzeit konnte, durch beiläufig-virtuose Handhabung aller teuflischen Mittel, dem christlichen Satan Hörner aufsetzen.

KREUZ

Was Gott und Mensch miteinander versöhnen könnte, nachdem der gekreuzigte Versöhner eine Kirche von Kreuzigern hinterlassen hat? Vielleicht ein gekreuzigter Papst. Vielleicht aber schon ein Papst, der selbst einmal Hand anlegen müßte bei den Kreuzigungen des Menschen.

Wie sehr Gott für die Menschen notwendig ist, das können nur jene ermessen, die ihn getötet haben. Die anderen müssen es den Gottesmördern aufs Wort glauben.

Das Glück des Gekreuzigten, nicht für sich selbst sterben zu müssen …

Krankheit vereinzelt, Martyrium vereint. Darum kränkt den religiösen Einzelgänger nichts so sehr wie die Zumutung, mit Hinz und Kunz an demselben Schmerz zu leiden.

Am liebsten büßt der Mensch für die Sünden, die ein Gott an ihm beging.

Der Hochmut desjenigen, der sich für den glücklichsten, und der Hochmut jenes anderen, der sich für den unglücklichsten Menschen dieser Erde hält … Man muß zugeben, daß die Mitteilsamkeit des zweiten amüsiert.

Erlöst ist, wer noch alles erhofft, aber so handelt, als erwarte er schon nichts mehr.

Der Unglückliche, der nur in Vergangenheit und Zukunft lebt, nie in der Gegenwart, wurde gestern von der Schuldtheologie als Sünder verurteilt und wird heute von den Glücksideologen als *loser* verachtet.

Der Gottgleiche ist der Mensch, dem man verzeiht, daß er einem noch nie geholfen hat.

Man versteht, warum Gott für unsereinen kein Mitleid empfindet, denn es wäre bloßes Mitleid für die Unglücklichen, die er als Menschen geschaffen hat.

Frei wird der Gefolterte, der seinem Folterer treu bleibt.

Jedes Wundmal ist ein Schlüsselloch ins Jenseits.

Mitleid: die Ehrfurcht der Glaubenslosen.

Kein Sinn ohne Schmerz.

»Menschen, ich hatte euch lieb ...« Von einem Gott ließe man sich die allgemeine Menschenliebe gefallen, vielleicht auch noch von einem Gottessohn. Von einem Menschensohn aber, einem Menschen gar? Er dringt zu keinem Herzen und keinem Martyrium mehr vor, er bleibt bei sich und auf der Stelle, er verendet inmitten von Gelächter.

Das Wort eines mittelalterlichen Mystikers, daß sich die Leiden eines anderen leichter (wohl auch: würdiger) tragen ließen als die eigenen – welcher Kreuzesgläubige würde ihm nicht zustimmen? So einer leidet für die Schuld der Welt und weiß sogar jemanden, der ihm Schuld und Leid und Welt abnahm ...

Wenn der, mit dem es am Kreuz endete, die Dimension des Dramas erfaßt hätte, das mit ihm vor sich ging, hätte er vielleicht zweifeln müssen, ob *er* es sei, mit dem es vor sich ging.

Nichts leichter, als von allen verlassen zu sein, nichts schwerer, als sie selbst zu verlassen – ihnen keinen Gedanken, keine Träne, keinen Fluch hinterherzuschicken.

Der Hochmut der unschuldig Leidenden ist unausstehlich, weil berechtigt.

Am teuersten bezahlt man die Liebe, die man gibt.

Um nicht unnötig für die Wahrheit zu leiden, müßte man sie, wo man schon von ihr schweigen muß, zugleich vergessen können.

Die Gemeinschaft der Menschen beruht auf einem gemeinsam begangenen Mord, so auch die christliche Gemeinschaft. Die ersten Christen freilich durften sich erwählt fühlen, es hatten ja andere an ihrer Stelle getötet. Der Gewendete vor Damaskus rückte das zurecht, als er die Schuld des Menschen zur Todesursache seines Gottes erhob. Seit Paulus darf sich jeder Christ als ein Gottesmörder fühlen, dem Verzeihung winkt.

Heute trinken sie sein Blut. Doch hätten sie es gestern gewagt, ihn mit der Lanze anzuzapfen?

Der Leichnam: Ein Mensch, der sich für Gott hielt? Ein Gott, der sich für einen Menschen ausgab?

Unter den Märtyrern, die sich das Kreuz von anderen aufladen wollen, überzeugen nur jene, die schon am eigenen zu tragen haben.

HÖLLE

Christlich nannte sich jene Kultur, die glaubte, sich des Teufels *bedienen* zu können.

Der Teufel ist das Wesen, dem der Mensch am nächsten steht und das dem Menschen am fernsten ist.

Eine von Gott enttäuschte Menschheit wird auch nicht lange seinem Widersacher anhängen: Niemand vertraut auf eine Macht, die ihr eigenes Entstehen nur einem Versehen, einer Ungehaltenheit oder einer unvordenklichen Langeweile verdankt.

Der Teufelsglaube ist aller Welt von Vorteil. Den Unterdrückten und Unglücklichen erklärt er ihre Unterdrückung und ihr Unglück als das Werk einer höheren Gewalt, den Gewalttätern schmeichelt er mit der Aussicht, im Bunde mit einer höheren Intelligenz zu sein.

Den kindlichen Glauben an Gott kann jedermann verlieren, den gereiften Glauben an Satan nur die zur Selbstquälerei Entschlossenen. Solange man noch an Satan als Fürsten dieser Welt glauben kann, ist die Welt in einer – wenngleich verkehrten – Ordnung. Man findet sich ab mit der Herrschaft von Frechheit, Dummheit, Geschmacklosigkeit usw., weil man sie als Ermächtigung des Niedrigsten der Erdenwelt durch den Höchsten der Unterwelt begreifen kann. In jedem teuflischen Beistand für das Scheinhafte spürt man die göttliche Billigung. Qual der Seele und Zeugnis der Reife liegen dagegen in der Einsicht, daß nicht einmal der Schein einer Ordnung unterliegt und daß statt dessen eine schäbige, aber autonome Macht den Erfolg dieser Welt erzeugt. So kann sich der Erfolglose nimmermehr damit schmeicheln, der weltmaßstäblich Verkannte der wahren Seinsordnung zu sein. Er ist schlicht der Übersehene in einer Welt des Scheins – und sollte diese Scheinwelt seinerseits übersehen können.

Die Jünger eines Teufels, welchen Namen er auch führe, können fast immer von dessen Anwesenheit bei ihnen überzeugen, ganz im Gegensatz zu den Jüngern eines Gottes. Jovialität des gefallenen Engels oder religiöses Genie seiner Anbeter?

Der Teufel ist nicht Herrscher der Welt, steht aber jedem Weltbewohner zur Verfügung. Das allein deutet auf eine Weltherrschaft des Teufels in Zeiten des Kapitals.

Entgegen allem – wissenschaftlichen, technologischen, ökonomischen – Anschein wird der Mensch der Zukunft hauptsächlich zeigen müssen, wozu er nicht fähig ist, denn wozu der Mensch fähig ist, hat er in der Vergangenheit hinlänglich gezeigt.

Der Teufel, der sich selbst überwinden wollte, hätte den längsten Weg: erst Gott entthronen, dann Mensch werden, um zuletzt als gekreuzigte Kreatur zu verbluten.

Am Himmel ist der Ort glaubhaft, an der Hölle das Personal.

GNADE

Die Ohrfeige nicht zu erwidern – das ist der Versuch, sich außerhalb der natürlichen Ordnung zu stellen, die Position eines Gottes einzunehmen, eines närrisch und menschlich gewordenen Gottes.

Nur ein Gott könnte sich das Recht herausnehmen, auf Rache zu verzichten.

Gnade ist die Toleranz des Tyrannen.

Erste Stufe der Frömmigkeit: Wir sind erwählt, weil die anderen verdammt sind. Zweite Stufe: Ich bin erwählt, weil ich erkannt habe, daß wir alle verdammt sind.

Im Alten Testament kämpfte der Mensch mit Gott, im griechischen Mythos versöhnte er sich, gelegentlich, mit den Göttern. Das Neue Testament entwirft das Bild einer Gottheit, die sich mit dem Menschen versöhnen will, nachdem sie Jahrtausende vergeblich gegen ihn gekämpft hatte.

Von Ewigkeit hat dieser Gott nicht allein vorausgesehen, wer seiner Gnade bedürfen, sondern auch, wer sie verweigern werde. Man begreift, daß ihn der Schmerz dieses Wissens verstummen ließ.

Für den wahren Christen kann es nur ein Opfer geben: *nicht* zu verzeihen, sich auf eine Feindschaft einzulassen – es den Feinden heimzuzahlen, gar mit Vorschüssen. Man muß zugeben, daß die Christenheit dieses Opfer verschwenderisch dargebracht hat.

Zum Glauben verführen könnte der Gedanke, daß auf eine begrenzte Aktion, einen menschlichen Aufschrei oder Anruf etwa, ein grenzenloses Schweigen folgen muß. Warum also dieses Schweigen nicht göttlich, warum dieses Grenzenlose nicht Gott nennen? Die Theologen der Gnade – Gottes Wirken als zerstörte Ökonomie der Welt – tun genau das. Doch schon hinter der bangen Frage, mit der ein Mensch ins Unendliche ruft, steht ebenfalls ein Unendliches. Bei jedem Gebet das Gefühl haben, daß ein Gott dazu nötige …

Man darf annehmen, daß die Mitleidlosigkeit des Schöpfers gegenüber seinen verfehlten Geschöpfen größer ist als sein gelegentlicher Zorn auf sie – ja, daß die göttliche Mitleidlosigkeit sogar erheblichen Anteil an der göttlichen Liebe hat. Spürt man in jedem Gnadenakt nicht den unbarmherzigen Richter?

Die ›Liebe zu Gott‹ (nicht anders als die ›Liebe zu den Menschen‹) hat immer etwas Schielendes, Unaufrichtiges. Sie ist ein Hoffen auf den gnädigen, also korrumpierten Gott. Nur den unbestechlichen Mann, den Henker, nur die unbestechliche Frau, die Hure lieben ... wer das könnte!

Papistische Dreiteiler appellieren an unsere Eitelkeit, protestantische Strickwesten an unser Mitgefühl, wenn sie aufrufen, der bleichen Bestie Kirche ein wenig Blut zu spenden.

Das schwache Geschöpf darf auf die Vergebung des Schöpfers hoffen, der es schwach geschaffen hat.

Manchmal fühlt man sich derart außer aller Rechtfertigung, daß man sein Leben einem anderen Menschen oder, wo das nicht mehr geht, wenigstens einem Gott vor die Füße werfen möchte.

Dankbarkeit erwarten ... Eher sollte man ein Himmelreich erwarten!

Man verliert leichter seine Intelligenz als seine Dummheit: Dummheit ist Gnade, Intelligenz meist Verdienst.

Die einzige Art von Toleranz, die nicht demütigt, ist jene, von welcher der Tolerante nichts weiß und der Tolerierte nichts spürt.

Was an den Erwählten immer wieder verblüfft: sie erwarten für ihre Erwähltheit eine Belohnung.

Die Großmut eines Gottes, der nicht mehr die Macht hat, Höllen zu erschaffen und zu bevölkern, kann niemanden trösten.

Was die Kreatur erniedrigt, ist nicht die reguläre Härte, sondern das irreguläre Erbarmen der Gottheit.

Die Schwäche dieses Schöpfers zeigt sich darin, daß er den Schwächen seines Geschöpfes nicht gerecht werden kann – und es also begnadigen muß.

TROST

Die Zahl der Trostbedürftigen mag noch so groß sein, die Zahl der Trostbücher ist stets größer.

Wir sind vielleicht Schlachtvieh. Aber wir wissen nicht, wen unser Fleisch nährt. Deshalb klingt unser Angstgebrüll so hoffnungsfroh.

»Ich bin, der ich bin.« Welcher Trost sollte von einem Wesen kommen, das von sich selbst nichts weiter zu sagen hat? Vielleicht dieser: »Es ist, wie es ist.«

Wer ein Heiler werden will, der muß zuerst lernen, wie man die Menschen von ihrem Hang zur Selbstheilung heilt.

In jedem Elend ist eine Größe möglich, vor der selbst ein Priester fromm, d. h. stumm werden muß.

Der Stoizismus kann ebensowenig Trost spenden wie der Buddhismus. Doch das muß er auch gar nicht. Er muß die Trostlosigkeit nur *plausibel* machen.

Sich angesichts eines frischen Grabes mit dem Alter der Erde trösten, mit Jahrmillionen dahingegangenen Lebens … Der Religion kann das nicht recht sein, mit ihren ein, zwei Jahrtausenden Scheinlebens.

Man hat zu sterben begonnen, noch ehe man daran denken konnte … noch ehe man überhaupt denken konnte. Auf diesen simplen Gedanken reduziert sich aller Trost, sobald man an nichts anderes mehr denken kann.

Alle aufrichtigen Heiler von Buddha bis Epiktet haben gewußt und gelehrt, daß Schmerz der Preis der Empfindung, also des Lebens sei; daher ihre Angebote geregelten Absterbens. Die Heilung durch Tod, der Tod durch Empfindungslosigkeit, das mag eine Banalität sein. Es ist jedoch keine Absurdität wie das ewige Leben, das eine ewige Lust oder ewige Anästhesie sein müßte, um verlocken zu können. Man versteht, daß ein wahrhaftig, d. h. leibhaftig Leidender kaum Geschmack am *credo, quia absurdum* findet.

Noch ehe das Ende der Welt eintritt, wie es das Christentum immer verkündet hat, wird das Christentum aus ihr verschwunden sein. Diese Gewißheit birgt für Christen wie für Weltkinder allen nur denkbaren Trost.

Durch Wiederholung kann selbst das Unheil langweilen und, man wagt es kaum zu flüstern, die Erlösung vom Unheil.

VERHEIßUNG

Drohende Katastrophen veredeln die Panik des Humanen nicht, doch sie weisen ihr die Bahn.

Der Apokalyptiker ist ein Mensch, für den der Untergang der Welt noch den Wert einer Nachricht hat.

Die Präzision einer Prophetie beweist sich in der Großartigkeit der Geste, womit der Prophet allen, die ihm nicht glauben, die Vernichtung garantiert.

Die Seelen derer, die eine verirrte Menschheit vor ihrer Maßlosigkeit retten wollen, sind mitleidlos wie die aller Retter.

Diese Raserei, wenn etwas sein Kommen ankündigt und sich von unserem Warten nicht bestechen läßt ...

An nichts in der Welt hat der Apokalyptiker noch Freude, nur noch am Leben selbst: Die Welt muß vergehen, weil sie nicht auf das Wort des Apokalyptikers hören wollte, das vom unvergänglichen Leben spricht und von der Freude daran. Der Apokalyptiker ist zur einsamen Freude verurteilt.

Geistig frei kann werden, wer auf Gott ebenso wartet wie auf einen Menschen: Mit jedem Augenblick, um den sich der Erwartete verspätet, schwindet seine Macht über den Wartenden.

Einen Propheten verwirrt nicht das erste Anzeichen für seinen Irrtum, sondern nur das Auftreten eines zweiten Propheten.

Der moderne Apokalyptiker ist Archaiker: Er würde gern die heutige Welt drangeben, um die alte Erde zu retten.

Für den Verfasser eines Heiligen Buches ist die Apokalypse eine nachgeordnete Nachricht, für einen Redakteur der Abendzeitung ist sie überhaupt keine Nachricht.

Die Voreiligen unserer Tage prophezeien um die Wette, ob Gott oder dem Menschen zuerst ein Nachruf gebühre.

Jede Kirche muß den Ihren glaubhaft machen, daß der Übertritt ins Jenseits als ein Übergang im Diesseits beginne.

Der Glaube erhält sich, die Hoffnung erhöht sich, die Liebe erschöpft sich in Verheißungen.

Gute Manieren müssen einen Prediger, guter Geschmack einen Propheten nicht kümmern.

Der Verzweifelte befragt das Orakel über seine Lebensdauer, der Glaubensfeste über seinen Geschäftserfolg.

*

Unter allen Utopien, die das christliche Heilsversprechen beerbt haben, läßt der Kapitalismus dessen Logik am brillantesten erstrahlen, so rein und so klar, daß er sogar den Glauben an ihren Schöpfer entbehren kann. Repräsentationslogik, Zukunftszwang, Kreditsystem herrschen in der bürgerlichen als auch in der christlichen Weltzurichtung vollständig und wie aus eigener Herrlichkeit. Der christliche Eifer, anderen das eigene Heil aufzuschwatzen, ward bürgerliche Menschengestalt im *Vertreter*. Die Vernichtung alles Gegenwärtigen um eines Abwesenden, bloß Glaubwürdigen willen, die Ersetzung des sterblichen Lebendigen durch ein untotes Ewiges, die zitternde Sorge, ob die Beseligungskandidaten auch der Versprechung Glauben schenken ...! Fatal bleibt, daß gegen derlei allzu großzügig, allzu aufdringlich dargebotenes Heilsgut nur die Fadessen der stoischen Selbstverhärtung helfen, des Rückzugs auf den so bedürfnis- wie seelenlosen Kern der Humanität.

*

Der Apokalyptiker von heute ist der Mensch, der früher als andere begriffen hat, worauf es im Leben ankommt: ein Sieger zu sein. Gekämpft wird, nach Jahrtausendbrauch, auf dem Felde der Erkenntnis. Der Apokalyptiker hat als erster erkannt, daß diese Welt ein Ende hat. Dank dieser Erkenntnis darf er sich schmeicheln, das Ende der anderen Erdlinge um einiges zu überleben.

Und einen anderen Sieg als das Überleben kennt der Apokalyptiker von heute nicht.

Welchen Zulauf hätte doch ein Messias gefunden, der den Mut zu den Plattheiten eines fernöstlichen Weisen besessen hätte: »Ich kenne zwar nicht jeden Grashalm, aber ich kenne den Weg des Heils.«

In der Sorge um die Zukunft konzentriert sich die bürgerliche Neurose: Zum Apokalyptiker wird der Mensch, der die Krankheit des Bürgers bis ans Ende durchleiden will.

Das Vorwitzige jenes Propheten, der Voraussager eines Untergangs sein wollte und doch bloß Vorläufer eines Niedergangs bleibt, der ohne Anfang noch Ende ist …

Was man von jedem Apokalyptiker lernen kann: Besser bedeutend im Rettungslosen sein als bedeutungslos in einer zu rettenden Welt.

Wie ein wahrer Prophet beschaffen sein könnte, lehrt ein Blick auf die falschen: sie erregen nur bei ihren Anhängern Jubel und ernten nur von ihren Gegnern Tadel. Daran hat sich seit Nebukadnezars Zeiten nichts geändert.

ERLÖSUNG

Um sich verflucht zu fühlen, genügt es, sich zugleich nach der Seligkeit und nach der Wahrheit zu sehnen.

Das Paradies, von dem die Theologen sprechen, scheint fast so trostlos wie das Leben, das seiner würdig machen soll.

Der Glaube des Bekennenden gleicht der Hoffnung des Verkannten: Sobald ich tot bin, komme ich ganz groß heraus.

»Mit jedem Menschen, der auf die Welt kommt, stirbt ein Engel, und die Engel, die nicht als Menschen sterben, werden als Menschen gekreuzigt.«

Das Frohlocken ist die sakrale Schrumpfform der Freude.

Den Tod das Ziel des Lebens zu nennen, ist vielleicht ebenso großmäulig, wie es kleinmütig ist, die Frucht der Liebe ihr Ende zu nennen.

Die Frage »Was darf ich hoffen?« sollte ehrlicherweise lauten »Was habe ich verdient?«

Wie die tiefe Trauer ist die tiefe Freude ohne Grund.

Nur ein Erkennungszeichen des Verklärten: kein Wort mehr von seiner Verklärung.

Die meisten Paradiese würden unentdeckt bleiben, wenn die davor Wache stehenden Engel nicht lautstark an ihnen zweifelten.

Die Freiheit, die dem Gläubigen winkt, kann der Ungläubige weder erkennen noch begreifen … diese Freiheit von einem endlich gestorbenen Gott, den man nicht mehr enttäuschen kann.

Für den Frommen ist der Tod die Erlösung vom Leben, für den Weisen die Erlösung vom Sterben.

Keine Himmelfahrt ohne Gewichtsverlust.

Nicht wer die Menschen flieht, sondern wer von ihnen geflohen wird, darf sich der Heiligkeit ein wenig näher fühlen.

*

Der Erfolg gewisser Unternehmungen benötigt das Scheitern des ersten Versuchs. Kann man sich einen Christus vorstellen, der *erfolgreich* gewesen wäre?

Man weiß wenig von diesem Erlöser, bis auf das eine: ihn rechtfertigt, daß nichts mit ihm zu tun hat, wer sich auf ihn beruft.

Wer damit prahlt, einen Gott zu lieben, von dem nichts zu fürchten ist, wird zu Recht von den Menschen gehaßt.

Die Hoffnung ist jene wortlose Zuversicht, die nur durch ein Gebet zu zerstören ist.

In der Sehnsucht nach dem Ursprung vereinen sich Sprungkraft und Fallsucht.

Das Heil, das man in sich fühlt, läßt sich für andere nicht mehr erbitten.

Die Welt retten: Wunsch eines Ausgestoßenen, der um Asyl bettelt.

Christus ist der Mensch, der sich Gottes erbarmte.

Auch ein religiös Unempfindlicher erteilt ungern jemandem Absolution, der das Wort ›absolut‹ allzu arglos im Munde führte.

Die Hand heilt fast immer – ob sie nun schlägt, streichelt oder segnet.

Der Erlöste ist der Mensch, der sich von dieser Welt nicht bedroht, sondern ermüdet fühlt.

Die Frau, die geboren hat, der Mensch, der geboren wurde – beide haben aufgehört, geheimnisvoll zu sein.

Er hat gegeben, was er konnte: eine Formel, die mancher Gläubige auf Gottes Erlösungstat, die kein Gläubiger auf Gottes Schöpfungstat anzuwenden wagt.

So sehr die Phantasie der Rettungsbedürftigen sich auch müht, sie wird immer aufs neue überrascht durch die phantastische Phantasielosigkeit der Errettungen.

Wäre dieser Gott im Bett gestorben statt am Kreuz, müßten seine Gläubigen vor einer Matratze knien und von heiligen Kissen künden.

Zwei Jahrtausende lang wußte man, was Verdammnis bedeutet: die Erniedrigung, sich nach dem Paradies sehnen zu müssen.

Mit Gottes Hilfe wäre die Welt schneller am Ende.

Unsterblichkeit

Unsterblich werden heißt, den Augenblick zu verpassen, da man begriffen hätte.

Die gute Nachricht muß nicht nur über den Tod hinweghelfen, sie muß auch mit ihm konkurrieren – ist der Tod vorerst doch die einzige Nachricht, die es vom Leben als ganzem gibt.

Die Zumutung, dem Leben abzusterben, um die Ewigkeit zu gewinnen ... Was man vom ewigen Leben weiß, kommt aus der Analogie des Erinnerns: In der Vorstellung der Lebenden haben die Toten ein Nachleben. Die Religion verlangt, das Leben eines Menschen auf dasjenige zu beschränken, was von ihm vorstellbar ist.

Ein wiedergeborener Gott kennt nur eine irdische Prüfung: seine Anbeter.

Wem zu einem Metempsychoseglauben das rekognoszierende Talent fehlt, für den besagt die christliche Unsterblichkeitsverheißung die Unvergeßlichkeit der Geburt. Das eigene Leben wird einer Gottheit ähnlich, die zwar geboren wurde, aber nicht sterben kann. Der sterbende Gott ist der Mensch, dessen Leben zur Religion wurde.

Unsterblichkeit: der Schatten, den die Seele an ihrem Abend wirft.

Alle frommen Lügen fließen vielleicht aus der einen, daß es gegen den Tod ein Mittel gäbe – daß man gegen das Nichts ein Verhalten einüben könnte. Der Jenseitsglaube muß die Gleichgültigkeit des Gottes vergessen machen, der uns als Sterbliche geschaffen hat. Das Sterben, immerhin, geht uns noch ein wenig an, anders als der Tod. Wer sich um Leben und Sterben kümmert, vergißt Gott und Tod.

In eine verdorrende Welt pflanzt der Umweltfromme verbissen Baum um Baum. Gewiß hofft er, im dankbaren Gedächtnis jener Gewächse die zeitgenössischen Umweltfrevler zu überdauern, dieses Schädlingsgeschlecht.

Die Forderung nach Würde des Sterbens verrät einen ästhetischen Blick aufs Leben. Der Ästhet des Sterbens verabscheut künstliche Verlängerungen des Gottes- nicht weniger als des Menschenlebens.

Niemals war die Todesangst größer als heute, niemals hat die Religion weniger Vorteil daraus ziehen können. Zu lange war sie mit den Lebenden im Bunde.

Unsterblichkeit: Hoffnung all jener, die sich jetzt schon vermissen.

Über die eigene Geburt kann eine Seele ebenso schwer hinwegkommen wie die Welt über den Eingottglauben. Man mag sich noch so oft vorsprechen, daß aus der Sicht des Ewigen vor und nach dem Leben dasselbe Nichts herrsche: ein Mensch und eine Religion können nicht leben ohne die Einbildung, durch ihr Auftreten sei selbst das Nichts verwandelt worden.

Wer gestern seinem Lebensdurst nicht ganz nachgab, der hoffte auf ein moralisches Trinkgeld, die Unsterblichkeit. Heute begnügt sich so einer mit der ewigen Jugend.

Sterben heißt, sich dem Leben endlich ganz zu unterwerfen.

Grablegung

Der gnostische Gedanke, daß die Weltschöpfung einem lebensmüden Gott dazu dienen sollte, zu seinem eigenen Ende zu kommen – sich im Sichtbaren und Begreifbaren zu verwirklichen und also zu erschöpfen –, dieser Gedanke müßte auch Gottes Himmel einschließen. Je mehr sich der Schöpfer in die sichtbare Welt begibt, desto weniger verbleibt der frommen Phantasie zu tun. Sie verkümmert vor den Reichtümern abgelaufener Zeit. ›Hoffnung‹ konnte so zur sozialphilosophischen Formel oder zur moralpädagogischen Idee werden, doch nicht länger eine Anschauung künftiger Himmel sein. Die Geschichte des Glaubens zeigt den Verfall der Hoffnung. Die Sichtbarkeit Gottes entspricht dem Schwund der frommen Phantasie. Der erschöpfte Gläubige hat, wie der Mensch am Ende seines Lebens überhaupt, alle Worte der Welt zur Hand und alle weltgewordenen Träume des Schöpfers vor Augen. Himmel und Jenseits sind für ihn bloß Worte, wenn ihm schwarz vor Augen wird; der Wunsch nach buntem Göttergewimmel oder nach Jenseitslicht sieht sich ganz auf diese Welt verwiesen. Den Glaubenswilligen, vielleicht auch: Glaubensfrohen, ja Glaubensfrechen, bleibt nur die Vergangenheit, um sich ihr Jenseits auszumalen. Ob die Glaubenswilligen nun aber unter ererbter Schuld seufzen oder nach dem Glanz erstorbener Kulte schielen, jedesmal bedienen sie sich bei einer weithin welt- und wortgewordenen Transzendenz. Die Vergangenheit ist das Jenseits der modernen Welt, ihr einziges; das fromme Bedürfnis des Modernen bekundet sich in dem Bibbern, womit er Vergangenes unvorstellbar nennt oder heilig hält … er, dem doch beinahe alles vor Augen steht an Verwirklichtem und Entsetzlichem.